Un plan d'affaires pour le travailleur autonome

Société-conseil Alain Samson inc.
2022, 2ᵉ Allée
Drummondville (Québec) J2A 1N5

www.vendreplus.com

Révision linguistique : Lyne M. Roy
Mise en pages : Société-conseil Alain Samson inc.
Conception de la page couverture : Société-conseil Alain Samson inc.

Données de catalogage avant publication (Canada)
Samson, Alain
        Un plan d'affaires pour le travailleur autonome : un livre-logiciel pour déve-
lopper votre projet d'entreprise

        (Vendreplus.com)
        Comprend des réf. Bibliogr.

        ISBN 2-9803712-3-8

        1. Plan d'affaires. 2. Travailleurs indépendants. 3. Projet d'entreprise. 4. Pe-
tites et moyennes entreprises - Gestion. 5. Marketing - Planification. 6. Plan d'affaires - Logiciels. I. Dell'Aniello, Paul, 1931– . II. Société-conseil Alain Samson.
III. Titre. IV. Collection.

HD30.28.S26 2000   658.4012   C00-941832-6

Imprimé au Canada
© Société-conseil Alain Samson inc.
Dépôt légal — 4ᵉ trimestre 2000
Bibliothèque nationale du Québec
Bibliothèque nationale du Canada
ISBN 2-9803712-3-8

Alain Samson
Paul Dell'Aniello

Un plan d'affaires pour le travailleur autonome

Un livre-logiciel pour développer votre projet d'entreprise

Société-conseil Alain Samson inc

Note de l'éditeur

Indépendamment du genre grammatical, les appellations qui s'appliquent à des personnes visent autant les femmes que les hommes. L'emploi du masculin a pour seul but de faciliter la lecture de cet ouvrage.

Table des matières

Chapitre 4
La présentation du promoteur

Chapitre 5
Le marketing

Introduction

Pourquoi?

Il existe déjà des centaines d'ouvrages consacrés à la rédaction du plan d'affaires. Pourquoi avoir décidé d'en écrire un autre? Il existe déjà des dizaines de logiciels portant sur la conception du plan d'affaires. Pourquoi avoir décidé d'en concevoir un nouveau? Et pourquoi avoir choisi de publier un livre qui serait appuyé par un logiciel accessible dans Internet? Et que dire des autres ressources? Après tout, les consultants capables de préparer un plan d'affaires pullulent et ne demandent qu'à effectuer le travail à la place de l'entrepreneur en herbe.

Pour répondre à toutes ces questions, il faut dans un premier temps étudier les faiblesses de chacune des options sur le marché. Nous pourrons ensuite expliquer comment ce volume se propose de régler les problèmes soulevés.

- Les *livres* déjà publiés sur le sujet sont souvent très complets et peuvent magnifiquement aider le futur entrepreneur à rédiger son plan d'affaires. Cependant, la tâche peut s'avérer difficile pour celui qui comprend peu les liens entre les différents états financiers. Et la moindre erreur sur ce plan (une divergence entre le budget de caisse, l'état des résultats et le bilan, par exemple) peut faire grandir la crainte du banquier qui est appelé à financer le projet. Or, bon nombre de plans d'affaires sont rédigés pour justement convaincre un banquier d'avoir confiance en un projet.

- Un bon *logiciel* peut très bien, en théorie, remplacer le livre, mais il présente également des difficultés : plusieurs personnes n'apprécient pas l'aide en ligne affichée à l'écran et préfèrent de loin tenir un volume entre leurs mains. De plus, les incompatibilités entre ordinateurs, entre systèmes d'exploitation ou simplement les conflits avec des programmes en place peuvent rendre impossible l'utilisation de tels logiciels.

- Les *banques de données incorporées à un logiciel* présentent également un inconvénient : elles sont difficilement mises à jour. À sa sortie, le logiciel vous offre des renseignements qui ne peuvent être mis en doute, mais au bout de quelque temps, la moindre statistique est à prendre avec des pincettes.

- Le recours à des *spécialistes* à qui vous confiez la rédaction de votre plan d'affaires est certes intéressant, mais il vous prive d'un outil très important et vous fait courir de grands risques. C'est en effet pendant la rédaction du plan d'affaires que vous avez l'occasion d'expliciter votre pensée, de mettre sur papier vos hypothèses et d'articuler votre rêve. Si vous laissez un tiers se charger du travail, vous risquez de vous lancer dans une aventure sans lendemain, sans avoir pris conscience des embûches qui vous attendent en chemin.

Si nous avons pensé au volume que vous tenez entre vos mains, c'est donc pour combler ces lacunes. La formule que nous vous présentons vous offre en effet les avantages suivants.

- Un plan d'affaires adapté à la réalité que vit le travailleur autonome, avec des états financiers qui correspondent à sa situation particulière. Fini les plans d'affaires qui tiennent pour acquis que vous aurez 30 employés ou les états financiers qui sont conçus pour une entreprise manufacturière!

- Un guide de l'usager sur papier, que vous pouvez traîner avec vous et dans lequel vous pouvez prendre des notes. Vous ne serez donc pas esclave de votre ordinateur personnel et vous pourrez, en autobus ou pendant un cours, noter à l'endroit appropriée la fabuleuse idée qui vient de vous traverser l'esprit.

- Un support Internet qui vous permet de créer rapidement et sans formation particulière des états financiers qui balanceront et qui vous rendront plus crédible aux yeux de ceux que vous devez convaincre.

- Des banques de données qui seront mises à jour et qui vous permettront de travailler avec des renseignements actuels.

- Un logiciel qui ne demande pas un matériel à la fine pointe de la technologie. En fait, comme vous le verrez au chapitre 2, il est possible de créer votre plan d'affaires même si vous n'avez pas d'ordinateur.

- La possibilité de remettre votre projet en question, de déceler ses faiblesses et de trouver les réponses aux questions qu'on ne manquera pas de vous poser. Tout cela, et même plus!

- Au fur et à mesure de son implantation et de son acceptation par les principaux intervenants économiques, le logiciel vous permettra également de rendre votre plan d'affaires accessible à un conseiller ou à un professeur.

- La possibilité de partager vos frustrations avec d'autres travailleurs autonomes comme vous qui rédigent également un plan d'affaires ou qui ont franchi cette étape et qui souhaitent partager leurs expériences et leurs états d'âme avec d'autres personnes.

Cela ne veut pas dire que les autres formules n'ont pas leurs avantages. Mais, nous vous offrons ici le meilleur des deux mondes : un guide imprimé, un bloc-notes, un logiciel performant, des renseignements à jour et le soutien d'autres travailleurs autonomes comme vous.

Pour qui?

Ce logiciel ne s'adresse pas à tout le monde. Nous avons préféré définir et bien servir certains usagers plutôt que de moins bien servir tout le monde. En fait, quatre types de personnes pourront bénéficier des pages qui suivent et chacun y trouvera son compte.

Le *futur travailleur autonome* pourra mettre son projet par écrit, en détecter les faiblesses et le bonifier au fur et à mesure que la rédaction progressera. Au bout du processus, c'est avec plus d'assurance que le travailleur autonome se lancera dans une aventure qui aura été suffisamment planifiée pour réserver le moins de mauvaises surprises possible.

Le *professeur* pourra maintenant gérer une classe entière à partir de son ordinateur personnel. En effet, les usagers pourront, s'ils le désirent, rendre leur plan d'affaires disponible pour un professeur donné. Ce dernier pourra alors le commenter et aider ses élèves à cheminer. Et pourquoi ne pas en venir à une correction en ligne, sans manipulation inutile de papier?

L'usager pourra également rendre son plan d'affaires accessible aux *organismes* qui se seront inscrits à notre site Web. L'organisme pourra donc, de façon centralisée, étudier les plans d'affaires à sa disposition et encourager l'usager à se présenter en succursale.

L'*intervenant économique* y trouvera également son compte de deux façons : en suivant à distance le travail des futurs travailleurs autonomes qu'il aura pris sous son aile et en inscrivant son organisme et son offre de service dans les banques de données du site.

Comment?

La figure de la page suivante vous présente le cheminement, en quatre étapes, que nous proposons aux futurs travailleurs autonomes. Dans un premier temps, il vous faudra prendre conscience des deux principaux défis auxquels un travailleur autonome doit faire face. Ce sera l'objet du premier chapitre.

Dans un deuxième temps, vous serez appelé à déposer une requête qui permettra au serveur de créer les fichiers nécessaires à la rédaction et à la confidentialité de votre plan d'affaires. Ce sera le sujet du chapitre 2. Au sortir de ce chapitre, votre plan d'affaires, bien que vierge, existera dans le serveur de Plandaffaires.com.

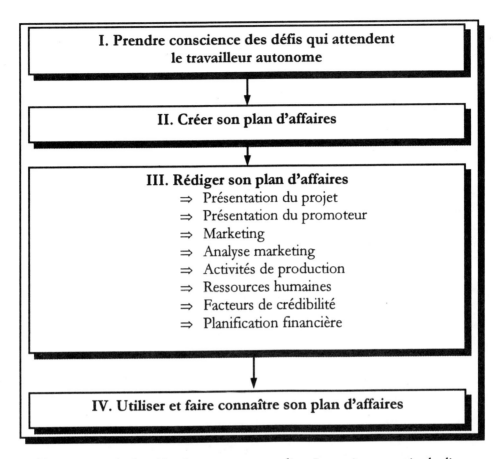

Débutera ensuite la rédaction proprement dite. La majeure partie du livre lui est consacrée. C'est ainsi que vous serez tour à tour invité à présenter votre projet, à vous présenter vous-même, à définir votre orientation marketing, à vous découvrir un avantage concurrentiel, à planifier comment votre produit ou votre service sera livré, à traiter de votre réseau de contacts et de sous-traitants et finalement, à effectuer votre planification financière. Les chapitres 3 à 10 vous accompagneront dans cette démarche.

Finalement, une fois votre plan d'affaires rédigé, il faudra l'utiliser. Le chapitre 11 vous aidera à le rendre accessible (si vous le souhaitez) dans Internet ou à en préparer la présentation dans le but d'une rencontre avec le banquier. À ce moment, vous serez fin prêt à lancer cette entreprise qui, nous le souhaitons, vous permettra de vous réaliser pleinement.

Chapitre 1

Les défis du travailleur autonome

Un bûcheron sans emploi depuis peu, refusant de se résigner au chômage, choisit de se lancer à son compte. Rapidement, il signa un contrat dans lequel il s'engageait à couper à blanc un bout de terrain. Les clauses du contrat exigeaient qu'il livre trois cordes de bois par jour.

Ne souhaitant pas s'endetter, il acheta une scie, mais il refusa d'investir dans les outils qui lui auraient permis de l'affûter.

La première journée fut fantastique! En moins de dix heures, il coupa cinq cordes de bois. Il était bien content de travailler maintenant à son compte et il comptait bien, une fois riche, aller dire à son ancien patron ce qu'il pensait réellement de lui. La deuxième journée, il coupa trois cordes de bois. « Pas mal, se dit-il. Je tiens le rythme prévu. » Le lendemain, il coupa deux cordes et demie. Le propriétaire de la terre voisine vint le voir et lui suggéra d'affûter sa scie : ainsi, il couperait bien plus de bois chaque jour.

S'essuyant le front, le bûcheron lui répondit qu'il n'avait pas de temps à perdre à affûter sa scie. « J'ai trois cordes de bois à couper aujourd'hui. Ce n'est pas facile. Comment pourrais-je trouver du temps pour aiguiser une scie presque neuve? »

Comment on devient travailleur autonome

Laissons un instant notre bûcheron (nous aurons l'occasion de parler de son cas un peu plus loin) et traitons de travail autonome. Un travailleur autonome, c'est un individu exerçant, pour son compte, une activité non salariée et productive de biens ou de services. Un travailleur autonome peut être indépendant et à son compte, dépendant et lié à un donneur d'ouvrage ou employeur en étant à la tête d'une micro-entreprise.

Il y a deux façons de se retrouver travailleur autonome : on peut y être *poussé* ou *attiré*. Voyons ce que ces deux expressions veulent dire.

- Une personne est *poussée* vers le travail autonome quand ce sont des circonstances extérieures qui sont à l'origine de sa nouvelle vocation. Parmi ces circonstances, mentionnons l'externalisation des activités de production des grandes entreprises, un taux de chômage qui pousse les sans-emploi à chercher d'autres solutions pour remédier à leur situation, la précarité des nouveaux emplois.

- Une personne est at*tirée* par le travail autonome quand ce sont des forces internes qui l'aident à faire ce choix. Parmi ces forces, mentionnons une bonne connaissance de ses forces et compétences, l'envie de faire croître ses revenus, le désir de relever de nouveaux défis, le désir de tester ses idées ou la simple soif d'indépendance.

Il est de plus en plus révolu le temps des emplois à vie et de l'entreprise à laquelle on consacrait toute sa vie active. Le travailleur contemporain qui tient au lien d'emploi changera de patron une douzaine de fois et vivra jusqu'à cinq carrières.

Au Canada, au cours de la dernière décennie, plus des trois quarts des emplois créés ont été des emplois autonomes et on s'attend même à ce que, d'ici quelques années, le quart de la population active du Québec se retrouve dans cette situation.

La vie d'un travailleur autonome

Que vous ayez été attiré par le travail autonome ou poussé vers lui, ce livre est pour vous. Mais avant que vous vous lanciez dans la rédaction de votre plan d'affaires, laissez-nous vous avertir : la vie d'un travailleur autonome n'est pas toujours rose. En fait, voici quelques-unes des choses qui sont le lot de beaucoup de travailleurs autonomes.

- *L'exclusion, à bien des égards, du filet social canadien.* Le travailleur autonome qui se retrouve sans mandat n'a droit à aucune prestation d'assurance-emploi ou de congé de maternité et une grande partie des travailleurs autonomes ne sont pas inscrits à la CSST. Dans ces circonstances, un manque temporaire de travail peut rapidement devenir un cauchemar.

- *L'isolement.* La moitié des travailleurs autonomes ont installé leurs pénates à domicile. C'est là qu'ils travaillent, jour après jour. Pour un individu qui avait l'habitude d'entrer au bureau chaque matin et d'interagir avec une trentaine de personnes tout au long de la journée, la transition peut être douloureuse.

- *La condamnation à la formation.* Les clients qui embauchent des sous-traitants s'attendent à travailler avec des spécialistes à la fine pointe de leur secteur d'activité. En conséquence, le travailleur autonome est constamment en formation et, s'il refuse de se perfectionner, les clients lui préféreront les autres soumissionnaires, sans égard aux honoraires exigés.

- *Une charge de travail hebdomadaire impressionnante.* Parce que leurs clients exigent un service rapide, les travailleurs autonomes travaillent beaucoup (le tiers d'entre eux travaillent plus de 50 heures par semaine) et doivent souvent consacrer leurs fins de semaine et leurs soirées à des contrats « qui ne peuvent pas attendre ». En fait, les contrats « qui ne peuvent pas attendre » sont plutôt la norme dans certains secteurs. Pas étonnant, dans ce cas, que les travailleurs autonomes soient souvent victimes de stress.

- *Une oreille peu attentive chez les financiers.* La majorité des travailleurs autonomes excellent dans leurs secteurs d'activité respectifs (informatique, qualité totale, rédaction, traduction, service paramédicaux, etc.), mais ils se sentent fort mal à l'aise quand vient le temps de parler finance. Les plans financiers qu'ils réussissent à assembler tant bien que mal ne leur attirent pas les faveurs des financiers. C'est d'autant plus vrai pour les fournisseurs de services, un domaine pour lequel les institutions financières n'ont pas encore toutes développé des outils de financement adaptés.

Vous êtes toujours partant? Remarquez que tout n'est pas noir. Les problèmes que nous venons d'énumérer touchent certes une grande partie des travailleurs autonomes, mais bon nombre ont réussi à s'épanouir malgré tout. Ces derniers ont relevé les deux principaux défis qui se posent aux travailleurs autonomes et ont appris à développer et à fidéliser une clientèle qui leur assure des revenus confortables, à briser l'isolement en bâtissant un réseau de contacts efficace, à intégrer la formation continue à leur horaire, à se détendre quand le stress est trop fort et à présenter leurs demandes de financement d'une manière qui leur attire l'intérêt des financiers.

Les deux défis

Vous aimeriez connaître la raison du succès de certains travailleurs autonomes? Elle peut se résumer en deux mots : horizon temporel et crédibilité. Nous allons vous expliquer ces deux défis et vous présenter ce qui se passe chez ceux qui ne les relèvent pas.

Par « horizon temporel », nous entendons la capacité de se projeter dans l'avenir et de penser non pas en fonction des contrats à court terme, mais plutôt en envisageant la carrière et le développement d'une entreprise. Tant qu'il n'a pas développé un horizon temporel à moyen et à long terme, le travailleur autonome se condamne aux excès suivants.

- Très occupé par le contrat en cours, il cessera de faire de la prospection et, à la fin de son mandat, il se retrouvera malheureusement sans travail, sans clients potentiels et sans visibilité. Pour ce travailleur autonome qui a un horizon temporel court, la vie est une enfilade ininterrompue de contrats suivis de longues périodes tranquilles.

- Ne s'étant pas doté d'une mission et d'une vision de l'avenir, il dira « oui » à n'importe quel contrat, qu'il mette ou non en valeur ses compétences distinctives. Cela a pour conséquence qu'il n'arrivera pas à se bâtir une réputation de spécialiste, réputation qui aurait pu lui ouvrir la porte à des contrats mieux rémunérés.

- N'ayant pas développé de réseau, il se voit contraint d'offrir un morceau de solution alors que, fréquemment, les clients souhaitent plutôt une solution clés en main et confient l'ensemble d'un travail à un sous-traitant qui devra trouver lui-même les autres sous-traitants. Cette faiblesse exclura souvent ce travailleur autonome des contrats d'envergure.

- Trop centré sur le présent, il ne fera pas de veille environnementale et risquera de se faire surprendre (trop tard!) par les innovations technologiques, les changements de mode et le caractère changeant des attentes des clients.

- Concentré sur les gains à court terme, il fera comme notre bûcheron et visera les gains immédiats, sans se rendre compte qu'un peu de planification (formation, financement, équipement) aurait pu le rendre beaucoup plus productif et aurait pu assurer la pérennité de son entreprise.

Le premier défi à relever consiste à allonger son horizon temporel et à se demander si cette incursion dans le travail autonome est temporaire ou définitive. Si elle est définitive, il faut cesser de jouer les amateurs et penser en chef d'entreprise. Il faut raisonner en pensant au marché, à la rentabilité et au développement des affaires.

L'autre défi à relever est celui de la crédibilité. Le nouveau travailleur autonome se retrouve souvent dans une situation qui risque de soulever l'incrédulité chez les clients qu'il convoite. Que répondriez-vous à un nouvel entrepreneur qui tenterait de vous vendre ses services et qui viendrait de vous répondre qu'il n'a encore jamais eu de clients, qu'il est peu connu à la banque, mais qu'il fait un très bon travail? Pourquoi lui feriez-vous confiance? En lui disant « oui », deviendrez-vous un cobaye? Cette situation est malheureusement le lot de plusieurs nouveaux travailleurs autonomes.

Le banquier a également de la difficulté à accorder son appui au nouveau travailleur autonome quand il lui demande de financer une entreprise qui ne détiendra aucun stock et qui fera partie d'un secteur complexe qu'il n'arrive pas à comprendre. Comment voulez-vous que, dans ces conditions, un directeur de comptes ait envie de consacrer du temps et de l'énergie à un projet?

Le plan d'affaires

Heureusement qu'il existe un outil pour aider le nouveau travailleur autonome à développer un horizon temporel à moyen et à long terme et à passer pour plus crédible aux yeux de ceux qu'il cherche à convaincre. Cet outil, c'est le plan d'affaires. Grâce à lui, le nouveau travailleur autonome peut :

- tirer parti de ses réalisations antérieures pour faire grimper la crédibilité de son projet d'affaires;

- présenter au banquier une planification financière qui correspond à ses attentes et qui fait la preuve que le travailleur autonome sait où il s'en va;

- adopter l'habitude, chaque fois qu'une affirmation peut être prouvée, de mentionner sa source. Cette habitude permet « d'emprunter » une partie du prestige et de la crédibilité de la source en question;

- prendre la peine de détailler son projet. C'est souvent la seule façon de communiquer son enthousiasme à un partenaire potentiel qui ignore les dessous et le fonctionnement d'un secteur d'activité;

- développer une vision globale de la gestion de la clientèle qui dépasse la simple recherche du prochain contrat;

- adopter un énoncé de mission qui favorisera une meilleure gestion de la réputation professionnelle en permettant une meilleure sélection des mandats proposés et une formation axée sur les intérêts de la clientèle visée;

- mettre sur pied un réseau qui prouve que même un travailleur autonome n'est pas seul. Ce réseau permettra au travailleur autonome de faire grimper le taux de satisfaction de sa clientèle et de le faire participer à des contrats obtenus par ses nouveaux partenaires;

- se doter d'une politique de veille environnementale qui lui permettra de se préparer aux changements soudains pouvant survenir dans l'environnement politique, économique, social, technologique ou écologique de son secteur;

- apprendre à briser l'isolement en trouvant facilement les ressources pour améliorer les chances de succès de sa future entreprise.

Êtes-vous prêt à relever ces deux défis? Vous y êtes presque : ce que vous vous préparez à faire en rédigeant votre plan d'affaires grâce au logiciel en ligne de Plandaffaires.com, c'est faire grimper votre crédibilité et fixer un horizon temporel qui vous aidera à voir plus loin que le prochain contrat et à faire prospérer votre nouvelle entreprise.

Ne faites pas comme le bûcheron de notre fable d'introduction : apprenez à voir plus loin et dotez-vous des outils qui vous permettront non pas de terminer à bout de souffle le contrat en cours, mais bien de développer une carrière satisfaisante qui vous mènera à des endroits dont vous n'osez pas encore rêver.

Chapitre 2

La création de votre plan d'affaires

Ce chapitre est consacré à l'ouverture de votre plan d'affaires dans le serveur de Plandaffaires.com. Après vous avoir présenté la configuration minimale dont vous avez besoin pour utiliser ce programme, nous vous guiderons pas à pas dans votre démarche.

De quoi aurez-vous besoin?

Commençons par une bonne nouvelle : vous n'aurez pas à investir dans le tout dernier modèle d'ordinateur pour créer votre plan d'affaires. Notre programme a été conçu pour vous permettre la rédaction d'un plan d'affaires complet; il ne se veut pas une incitation à la consommation. Nous nous sommes donné pour mission de rendre Plandaffaires.com accessible au plus grand nombre possible de travailleurs autonomes.

Vous n'avez pas du tout besoin d'un ordinateur de la toute dernière génération pour créer votre plan d'affaires. En effet, les renseignements et le traitement des données se faisant dans le serveur, vous pouvez créer votre plan d'affaires à partir d'un ordinateur 386 si le cœur vous en dit. Vous n'avez pas non plus à utiliser la plate-forme Windows®. Si vous possédez un ordinateur Apple® ou un ordinateur doté d'un processeur Intel® mais utilisant un autre système d'exploitation (Linux®, Unix®, etc.), vous pouvez sans problème utiliser ce livre pour créer votre plan d'affaires.

De plus, vous n'avez pas à télécharger la toute dernière version des explorateurs (Netscape ou Internet Explorer) les plus utilisés. La rédaction de votre plan d'affaires ne nécessite aucun ajour à votre ordinateur.

Finalement, vous n'avez même pas à posséder un ordinateur. Les renseignements étant stockés dans le serveur, vous pouvez écrire une partie de votre plan d'affaires à l'aide d'un ordinateur de l'université, une autre section dans un café Internet et un dernier segment avec l'ordinateur d'un ami. Où que vous soyez dans le monde, vous pouvez continuer à mettre à jour votre plan d'affaires.

Pour bénéficier pleinement de ce que vous offre ce livre, vous devez simplement :

- avoir accès à un ou à plusieurs ordinateurs disposant d'une connexion à Internet;

- vous être assuré que le logiciel de navigation dans Internet dont sont pourvus le ou les ordinateurs qui seront utilisés accepte les témoins (*cookies*). Si vous êtes dans le doute à ce sujet, consultez un ami qui s'y connaît.

Si vous disposez de ces deux éléments, vous êtes prêt à entreprendre la rédaction de votre plan d'affaires dans Internet. Remarquez qu'un traitement de texte vous sera également utile si vous souhaitez ajouter des sections à votre plan d'affaires, modifier la mise en page par défaut ou effectuer une vérification orthographique ou grammaticale. Mais, ce n'est pas obligatoire.

L'inscription de votre plan d'affaires

Avant de parler finance, marketing ou ressources humaines, il vous faudra demander au serveur (c'est l'ordinateur avec lequel vous communiquerez dans Internet) de créer les fichiers dans lesquels seront stockés les différents éléments de votre plan d'affaires. Cela se fait facilement, en quelques étapes.

1. Une fois votre ordinateur branché au réseau Internet, rendez-vous à l'adresse www.plandaffaires.com. Vous vous retrouverez alors dans un des sites

Web de la Société-conseil Alain Samson. Vous devriez voir apparaître un écran semblable à celui-ci.

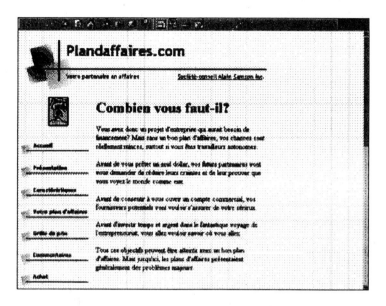

2. Cliquez sur [Votre plan d'affaires]. Vous vous retrouverez devant l'écran d'entrée.

C'est par cet écran que vous passerez chaque fois que vous souhaiterez travailler à votre plan d'affaires. Il vous suffira alors de taper votre nom d'usager et votre mot de passe pour vous retrouver à l'écran principal.

3. Mais, comme votre plan d'affaires n'a pas encore été créé, cliquez maintenant sur le mot [ici]. Vous vous retrouverez devant l'écran d'enregistrement, un écran que vous rencontrerez pour la première et dernière fois.

L'accès à Plandaffaires.com coûte habituellement quelque chose mais il est gratuit pour les détenteurs de ce livre. Votre clé primaire est 970061719 et votre clé secondaire est **partenairelecteur**. Tapez ces clés dans les espaces prévus à cette fin à l'écran, puis cliquez sur [Envoyer].

Commencez par taper un nom d'usager, votre prénom et votre nom de famille. Tapez ensuite votre adresse électronique. Si vous ne possédez pas d'adresse électronique, fournissez celle d'un ami ou allez en chercher une (c'est gratuit) à www.hotmail.com. Nous devons être en mesure de vous joindre pour vous tenir au courant des nouveautés apportées au logiciel ou pour vous indiquer, après une période de deux mois d'inactivité (nous y reviendrons plus loin), que les fichiers relatifs à votre plan d'affaires seront bientôt supprimés. Une fois votre adresse électronique saisie, il ne vous reste qu'à trouver un mot de passe et à l'indiquer dans la case prévue à cette fin.

Choisissez avec soin votre mot de passe. Voici quelques conseils relatifs au choix du mot de passe.

- *Il ne devrait pas être facile à deviner.* Les renseignements constituant votre plan d'affaires sont de nature confidentielle. C'est votre mot de passe qui empêche les yeux indiscrets d'y accéder. Ne mettez pas votre projet à la portée de tous en choisissant un mot de passe facile à deviner par quiconque vous connaît. N'utilisez donc pas votre adresse, votre date de naissance ou le nom de votre chien. Faites preuve d'imagination!

- *Il devrait être facile à taper.* Pour protéger votre information, votre mot de passe sera exigé par le serveur chaque fois que vous ouvrirez un écran. Vous aurez donc intérêt à éviter les mots de passe qui dépassent une quinzaine de caractères.

- *Il devrait être rangé en lieu sûr.* Si vous oubliez votre mot de passe, vous vous verrez refuser l'accès à votre plan d'affaires.

Une fois votre mot de passe tapé dans l'écran d'inscription, cliquez sur [Envoyer] pour soumettre les données. Dans la majorité des cas, un message vous indiquera que votre plan d'affaires a été créé et que vous êtes maintenant prêt à vous mettre au travail.

S'il advenait toutefois que votre mot de passe soit le même que celui utilisé par un autre travailleur autonome, on vous demandera de répéter cette étape en choisissant un nouveau mot de passe.

4. Vous pouvez maintenant explorer Plandaffaires.com, commencer tout de suite à entrer de l'information ou fermer l'ordinateur.

Comment sauvegarder?

Vous n'avez pas à vous préoccuper de la sauvegarde de l'information quand vous travaillez à votre plan d'affaires. C'est pourquoi vous ne trouverez pas de bouton [Sauvegarder] en naviguant dans le site.

Cependant, chaque fois que vous cliquez sur [Envoyer], l'information est mise à jour, les états financiers sont balancés et vous êtes assuré que vous aurez accès à votre plan à jour lors de votre prochaine séance de travail.

Puisque les renseignements sont mis à jour dans le serveur, vous n'avez pas à craindre l'utilisation d'un ordinateur public. Le client qui prendra votre place dans ce café Internet dès votre départ n'aura pas accès à votre plan d'affaires, puisque celui-ci ne se trouve pas dans l'ordinateur utilisé.

Chapitre 3

La présentation du projet

La présentation de votre projet, c'est à la fois l'alpha et l'oméga, le commencement et la conclusion de votre plan d'affaires. C'est ici que vous entreprendrez votre rédaction et c'est également ici que vous la terminerez.

En effet, l'écriture d'un plan d'affaires, loin d'être linéaire, est plutôt itérative : l'écriture d'une section vous donnera des idées pour amorcer celles qui s'en viennent et pour bonifier celles que vous avez déjà complétées. Vous retournerez alors dans les sections précédentes pour les raffiner, les rendre plus convaincantes.

C'est d'autant plus vrai pour la présentation du projet. Au début, vous répondrez en brossant un portrait plutôt grossier de votre projet. Mais au fur et à mesure que votre plan d'affaires évoluera et que vous irez chercher les renseignements nécessaires à une prise de décision éclairée, votre vision du projet changera, vos arguments deviendront plus clairs et plus convaincants. Il faudra, à ce moment, revenir à cette section et bonifier vos réponses initiales.

Cela ne veut pas dire que vous devriez passer ce chapitre pour y revenir à la toute fin! Pour orienter votre travail des prochains chapitres, vous devez avoir mis sur papier une vision initiale de votre future entreprise.

L'importance de la présentation du projet

La présentation du projet, c'est votre plan d'affaires résumé en une page ou deux. C'est l'apéritif qui laisse présager toutes les délices à venir.

Les banquiers sont des gens occupés, si bien que chaque projet qui doit être étudié est en compétition avec les autres. Pour classer les projets en ordre d'importance et éviter de lire tout un plan d'affaires avant de se rendre compte qu'il ne l'intéresse pas, le banquier consulte la présentation du projet.

La présentation du projet a donc pour objectif non pas d'obtenir le financement requis, mais plutôt de vendre au banquier l'idée de lire en entier le plan d'affaires. Pour être efficace, la présentation du projet doit respecter certains principes.

- *Elle doit positionner clairement le lecteur quant au secteur d'activité dans lequel vous travaillez.* C'est d'autant plus important que dans les institutions financières, le personnel est de plus en plus spécialisé. En conséquence, le premier lecteur de votre plan d'affaires devra peut-être faire parvenir votre document à un autre analyste. Il ne sera pas content s'il s'en rend compte après avoir lu une trentaine de pages...

- *Elle ne doit pas susciter des attentes qui ne seront pas comblées par la suite.* Il doit exister une certaine congruence entre ce que vous laissez entendre dans la présentation et ce qui sera effectivement présenté dans le plan d'affaires. Si vous éveillez des attentes irréalistes, votre lecteur aura l'impression d'avoir été trompé et il répondra « non » à votre demande.

- *Elle doit être succincte.* Vous aurez l'occasion de parler de brevets et d'aspects techniques dans les autres sections de votre plan d'affaires. Dans la présentation du projet, tenez-vous-en à l'essentiel : cette section vise à initier votre lecteur et à l'aider à déterminer s'il est le mieux placé pour analyser votre demande. Dans plusieurs institutions financières, en effet, les demandes sont évaluées à des échelons supérieurs, et cette section sert à aider la personne que vous avez rencontrée à savoir où acheminer votre plan d'affaires.

Débuter une session de travail

Rendez-vous au site www.plandaffaires.com et cliquez sur [Votre plan d'affaires]. Vous vous retrouverez face à l'écran d'entrée, un écran que vous avez vu lors de la création de votre plan d'affaires.

Tapez votre nom d'usager et votre mot de passe dans les cases appropriées, puis cliquez sur [Envoyer]. Vous aurez alors devant vous le menu principal, un menu que nous allons explorer avant de commencer à rédiger la présentation du projet.

Dans le cas où vous auriez utilisé un mauvais mot de passe, vous n'aurez pas accès au menu principal. C'est plutôt un message explicatif qui apparaîtra et vous encouragera à retourner à la page précédente et à taper à nouveau votre nom d'usager et votre mot de passe.

Votre nom d'usager et votre mot de passe doivent être saisis exactement comme lors de la création de votre plan d'affaires. Si vous avez par exemple à ce moment utilisé des lettres majuscules, vous devez continuer à utiliser des majuscules dans l'écran d'entrée.

Le menu principal

À partir de cet écran, vous accéderez à toutes les composantes de votre plan d'affaires. Cet écran est divisé en trois parties.

La première partie est constituée d'un mot de bienvenue. Votre nom de famille devrait s'y retrouver. Si tel n'est pas le cas, c'est qu'une erreur est survenue. Vous devriez alors communiquer avec nous en cliquant, un peu plus bas, sur [Questions ou commentaires].

La deuxième partie présente les huit sections que vous aurez à remplir pour bâtir votre plan d'affaires. Chacune de ces sections fait l'objet d'un chapitre dans ce livre. La section à l'étude dans ce chapitre (la présentation du projet) est en première position.

La troisième partie (au bas de l'écran) est constituée de 10 choix que nous allons vous présenter maintenant, avant que vous commenciez la rédaction proprement dite.

Menu principal
**Bonjour, mademoiselle Rondeau.
À quelle section de votre plan d'affaires
travaillerez-vous aujourd'hui?**

1. Présentation du projet
2. Présentation du promoteur
3. Marketing
4. Analyse marketing
5. Activités de production
6. Ressources humaines
7. Facteurs de crédibilité
8. Planification financière

Accueil - Courriel - Impression - Questions ou commentaires - Avis au professeur - Avis à une institution financière - Accès aux ressources - Création de graphiques - Ajustement décimal - Retrait d'un plan

- *Accueil.* En cliquant ici, vous vous retrouvez à la page d'entrée de Plandaffaires.com.

- *Courriel.* Cette fonction vous permet d'expédier au concepteur de ce logiciel un courrier électronique. N'utilisez pas cette fonction si vous utilisez un ordinateur public et que vous ne possédez pas d'adresse électronique, car nous ne pourrons pas vous répondre.

- *Impression.* Cette fonction vous mène à l'écran d'impression, lequel vous permet d'imprimer votre plan d'affaires au complet ou en partie. Il ne sert à rien d'utiliser cette fonction pour l'instant, puisque votre plan est encore vierge.

- *Questions ou commentaires.* Utilisez cette fonction pour faire parvenir à Plandaffaires.com des suggestions d'amélioration ou des questions techniques. Nous vous suggérons toutefois, avant de faire parvenir une question, de consulter votre livre et la section des questions fréquemment posées que vous trouverez dans le site.

- *Avis au professeur.* Si vous faites partie d'une classe et que votre professeur vous a demandé de bâtir un plan d'affaires, vous pouvez, en utilisant cette fonction, rendre votre professeur capable de le visualiser par Internet. Nous traiterons de cette fonction dans un chapitre ultérieur mais sachez que tant que vous n'avez pas utilisé cette fonction, votre professeur n'a pas accès à votre plan d'affaires.

- *Ajustement décimal.* Cette fonction vous permet, si votre planification financière présente de gros chiffres, de faire disparaître le point décimal et les sous des états financiers de votre plan d'affaires. De cette façon, vous pouvez éliminer certains problèmes de mise en page.

- *Création de graphiques.* Cette fonction, encore en développement au moment d'écrire ces lignes, vous permettra éventuellement de créer des graphiques financiers que vous pourrez plus tard intégrer à votre plan d'affaires.

- *Avis à une institution financière.* Cette fonction est semblable à l'avis au professeur. S'il advenait que des institutions financières souhaitent avoir accès à des plans d'affaires rédigés à l'aide de Plandaffaires.com, elles seraient nommées ici. Vous n'auriez alors qu'à sélectionner l'institution financière de votre choix pour qu'un directeur de comptes spécialement formé puisse commenter et analyser votre plan d'affaires.

- *Accès aux ressources.* En cliquant ici, vous accéderez à l'écran des ressources. Vous retrouverez sur cet écran les questions fréquemment posées, les liens Internet suggérés, le répertoire des intervenants économiques et le site de discussion. Si vous souhaitez lancer un appel à l'aide parce qu'il vous manque une information capitale, vous pouvez le faire ici. D'autres travailleurs autonomes pourront alors vous aider.

- *Retrait d'un plan.* C'est la fonction que vous utiliserez si vous souhaitez effacer un plan d'affaires du serveur. Nous traiterons de cette fonction et de ses incidences au chapitre 11.

Ne vous surprenez toutefois pas si, au cours de votre visite, vous découvrez une fonction qui n'est pas présentée dans ce livre. Le logiciel évoluera au fil des suggestions des utilisateurs et nous sommes toujours disposés à l'améliorer.

La présentation du projet : c'est parti!

Pour l'instant, cliquez sur [Présentation du projet], ce choix que vous retrouvez dans la deuxième partie du menu principal. Vous serez alors face à un écran vous demandant de taper votre mot de passe.

Vous vous demandez peut-être comment il se fait que, chaque fois que vous entrez dans un sous-menu, vous deviez taper de nouveau votre mot de passe. Une explication s'impose ici.

Les utilisateurs ne rédigeront pas tous leur plan d'affaires dans le confort de leur foyer. Certains y travailleront dans des cafés Internet ou dans des salles de classe. Il leur arrivera de délaisser leur écran pour aller chercher un café ou toute autre chose. À ce moment, un voisin pourrait être tenté de cliquer sur un menu et de jeter un coup d'œil au plan d'affaires. Pour éviter que de telles situations ne se produisent, nous avons choisi de protéger chaque sous-menu.

De cette façon, même si vous utilisez les signets de votre logiciel de navigation dans Internet pour revenir travailler dans votre site, une personne utilisant votre logiciel ne pourra consulter votre plan d'affaires si elle ne connaît pas votre mot de passe. Votre succès et la sécurité de vos renseignements constituent nos principaux objectifs.

Entrez votre mot de passe et cliquez sur [Confirmer mon mot de passe]. Vous voici à l'écran de la présentation du projet. Cet écran est composé de 10 questions auxquelles nous allons consacrer la suite de ce chapitre.

Présentation du projet
Votre mot de passe a été accepté, Olivier.

Répondez aux questions suivantes. N'oubliez pas de consulter votre volume chaque fois que vous en ressentez le besoin.

1. Quel est le nom du projet ou de l'entreprise?

```
Les Innovations Olivier Inc.
```

2. Quelle est l'adresse prévue du lieu d'affaires?

...

Des questions générales

Les quatre premières questions sont générales et ne servent qu'à définir sommairement votre projet. Inscrivez à l'écran le nom de votre entreprise, l'adresse prévue du lieu d'affaires, le numéro de téléphone où on peut vous joindre et la date prévue du démarrage.

Si vous n'êtes pas devant l'écran présentement, inscrivez ces renseignements dans le tableau qui suit. Tout au long de ce livre, nous vous fournirons ainsi de l'espace pour inscrire vos réponses. Traînez ce livre avec vous tous les jours. On ne sait jamais quand une idée merveilleuse nous traversera l'esprit... et la mémoire est une faculté qui oublie.

Nom du projet	
Adresse du lieu d'affaires	
Numéro de téléphone où on peut vous joindre	
Date prévue du démarrage	

Un petit commentaire au sujet de la date prévue du démarrage. Un banquier n'apprécie pas de se retrouver devant un fait accompli. Il vaut mieux préparer son plan d'affaires avant d'avoir un besoin urgent de fonds parce qu'on a déjà commandé le matériel ou qu'on a déjà procédé aux améliorations locatives.

Choisissez donc une date assez éloignée pour que le banquier ne se sente pas pressé par le temps et gardez cette date présente dans votre esprit. Elle vous sera utile quand vous préparerez votre échéancier et lors de votre planification financière.

Le secteur d'activité

Le secteur d'activité, c'est l'industrie dans laquelle vous comptez travailler. Sans donner de chiffres, définissez-la et indiquez si elle est en croissance, en décroissance ou stable depuis quelques années. Mentionnez également les tendances qui s'y dessinent.

Évitez les généralités pour parler de votre secteur d'activité. Une description trop vague fera douter de votre champ d'expertise. Ainsi, ne mentionnez pas que vous entendez travailler dans la consultation. Spécifiez plutôt dans quel domaine vous entendez le faire (qualité totale, mobilisation du personnel, fidélisation de la clientèle, techniques de vente, etc.).

Ces précisions auront deux effets bénéfiques :

- vous passerez pour un spécialiste aux yeux du lecteur de votre plan d'affaires;

- vous aurez plus de facilité à évaluer l'ampleur du marché quand viendra le temps de faire votre analyse marketing. Que veut dire, en effet, le marché général de la consultation quand on se spécialise dans la qualité totale? En étant plus précis, vous serez à même de cerner votre marché réel.

Le temps passé à répondre à cette question n'est pas du temps gaspillé. C'est plutôt un investissement. Vous y gagnerez en efficacité tout au long de votre rédaction.

La description sommaire du projet

Votre lecteur sait maintenant dans quelle industrie vous entendez travailler mais il ignore toujours ce que vous entendez y accomplir. Votre réponse à cette question l'éclairera sur plusieurs points.

- *Où vous situerez-vous dans l'industrie que vous avez sommairement présentée à la question précédente?* Serez-vous fabricant ou intermédiaire? Entendez-vous produire vous-même votre produit ou votre service ou choisirez-vous plutôt d'attribuer les contrats en sous-traitance?

- *Que vendrez-vous au juste?* Décrivez brièvement le produit ou le service que vous entendez offrir à cette clientèle. Ne vous étendez pas sur les avantages de votre produit ou service par rapport à celui de vos concurrents; vous aurez l'occasion de traiter de ce sujet à la question suivante.

- *Quelle clientèle visez-vous?* Entendez-vous vous attaquer à tous les clients de ce secteur d'activité ou visez-vous plutôt un segment de la clientèle (ne vous en faites pas si le terme est encore vague; nous traiterons de segmentation aux chapitres 5 et 6)?

- *Pourquoi avez-vous choisi ce segment particulier?* Faites ici la démonstration de vos compétences particulières.

Vos avantages concurrentiels

Si un ami vous demandait pourquoi vous achetez chez un détaillant en particulier, que répondriez-vous? Vous trouveriez rapidement une réponse qui justifie que vous achetez là et pas ailleurs.

Il en va de même de vos futurs clients. Ils achètent déjà ailleurs et quand vous tenterez de les convaincre de vous faire confiance, ils ne manqueront pas de vous demander : « Qu'est-ce que j'y gagne? Pourquoi changerais-je de fournisseur? Que m'offrez-vous de plus que mon fournisseur actuel? » Et si vous n'avez pas de réponse convaincante à leur offrir, ils ne vous consentiront pas cette première vente qui vous tient tant à cœur.

Aux yeux du client, le fait de changer de fournisseur présente des risques, et il ne sera pas tenté de courir ces risques si vous lui offrez à peu près le même produit ou service, à peu près au même prix. Pour le convaincre, il faut lui présenter une offre concurrentielle qu'il percevra comme différente et plus susceptible de le satisfaire.

Un avantage concurrentiel, c'est cette différence qui vous distinguera et qui vous permettra de conquérir des parts de marché, même si les clients ont déjà leurs fournisseurs. Vous aurez l'occasion, aux chapitres 5 et 6, de vous trouver des avantages concurrentiels, mais inscrivez donc tout de suite, à l'écran ou dans la case suivante, ce qui vous distinguera et vous fera gagner la faveur des clients.

La mission de l'entreprise

La mission, c'est la raison d'être d'une entreprise, la contribution qu'elle souhaite apporter dans un marché et les valeurs qui l'animeront. La rédaction d'un énoncé de mission permet entre autres :

- d'améliorer le processus de décision dans l'entreprise. Si vous avez votre mission à l'esprit quand vous prenez une décision, vous réduisez les occurrences de décisions à court terme qui vous éloignent de vos objectifs;

- de fournir à vos employés ou à vos sous-traitants la chance de s'identifier à votre entreprise et de contribuer à son succès.

Un bon énoncé de mission doit être bref. Il doit présenter, en quelques mots, la nature de ce que sera l'offre commerciale de votre entreprise, une courte description de la clientèle visée, les bénéfices que retireront les clients faisant des affaires avec vous et les valeurs qui guideront votre façon particulière de faire des affaires. C'est à partir de la mission que vous pourrez ensuite définir des objectifs et adopter un échéancier.

Si vous avez de la difficulté à énoncer votre mission, vous pouvez plutôt répondre à ces questions : La création de votre entreprise est-elle nécessaire? Si oui, pourquoi votre entreprise existera-t-elle et qu'apportera-t-elle de plus à la clientèle?

Les objectifs à court, à moyen et à long terme

Quels défis vous êtes-vous fixés? Que comptez-vous réaliser dans votre première année d'activité? Dans votre deuxième? D'ici à cinq ans? Vos objectifs doivent découler de votre énoncé de mission et seront différents selon les valeurs qui y sont présentées. Ils varieront également selon votre secteur d'activité, mais nous pouvons tout de même présumer qu'ils porteront, entre autres, sur votre volume de vente, sur un agrément ou une reconnaissance que vous aimeriez mériter, sur vos parts de marché, sur le nombre de clients potentiels que vous comptez convaincre ou sur le taux de satisfaction de votre clientèle.

Chacun de vos objectifs devrait respecter ces quatre conditions.

- *Il doit être quantifiable.* S'il est trop vague, vous ne saurez jamais s'il a été atteint ou non.

- *Il doit être limité dans le temps.* Si vous ne vous fixez pas de date limite pour son atteinte, l'objectif ne sert à rien.

- *Il doit être raisonnable.* Si ce critère n'est pas respecté, tous se décourageront et l'entreprise sera impossible à gérer.

- *Il doit être congruent à l'énoncé de mission.* S'il y a conflit entre objectifs et mission, la confusion engendrée créera des tensions et affaiblira les résultats.

Votre échéancier

Votre volonté d'atteindre les objectifs énoncés à la question précédente vous imposera automatiquement des échéanciers. Par exemple, si vous avez prévu créer dix sites Web dans les trois premiers mois d'existence de votre entreprise, il vous faudra acheter rapidement l'équipement nécessaire à la programmation et concevoir un site que vous mettrez en montre et qui vous permettra de convaincre les clients plus facilement.

Indiquez ici quelles sont les principales échéances que vous vous êtes fixées mais rappelez-vous que cette section n'est qu'un apéritif. Tenez-vous-en donc, pour l'instant, aux grandes lignes. Vous aurez l'occasion, dans les autres sections, de faire preuve de plus de précision.

« Et si j'ai terminé? »

Si vous avez terminé votre session de travail, cliquez sur [Sauvegarder] pour faire parvenir vos réponses au serveur. Elles seront automatiquement insérées dans les fichiers créés à cet effet au chapitre précédent et elles apparaîtront à l'écran la prochaine fois que vous voudrez travailler à ce module.

Chapitre 4

La présentation du promoteur

Cela peut sembler surprenant, mais c'est tout à fait vrai : dans l'esprit d'un banquier, quand arrive le temps de décider s'il va ou non accorder un prêt ou une marge d'exploitation, les perspectives de succès de l'entreprise, telles qu'elles sont présentées dans le plan d'affaires, pèsent souvent moins lourd que le dossier personnel du promoteur.

Et c'est d'autant plus vrai dans le cas d'un travailleur autonome. Après tout, vous serez à la fois le gestionnaire, le propriétaire, l'employé et le produit de l'entreprise que vous vous apprêtez à lancer. Cette importance démesurée n'est pas sans faire naître quelques questions dans l'esprit du banquier.

- Avez-vous les compétences nécessaires pour relever avec succès les défis que l'aventure comporte?

- Disposez-vous des ressources financières nécessaires pour tenir le coup si vos prévisions des premiers mois, trop optimistes, ne sont pas atteintes? Comment avez-vous géré vos finances par le passé?

- Quelles sont vos obligations financières actuelles et à combien se situent votre revenu discrétionnaire et votre ratio d'endettement?

Qui êtes-vous, au fait?

Pour répondre, vous remplirez la deuxième partie de votre plan d'affaires. Commencez par vous rendre au menu principal (consultez au besoin le chapitre précédent; nous vous y avons décrit, étape par étape, comment y accéder) et cliquez sur [Présentation du promoteur].Vous vous retrouverez face à un écran comportant les éléments suivants.

Présentation du promoteur

Voici vos trois choix :

Curriculum vitæ
Bilan personnel
Autres renseignements

Accueil - Courriel - Impression - Questions ou commentaires - Avis au professeur - Avis à une institution financière

Vous remarquerez que vous retrouvez, dans cet écran, les principales fonctions qui figuraient au bas du menu principal. Chacune de ces fonctions vous a été présentée dans le chapitre précédent.

Votre curriculum vitæ

Cliquez maintenant sur [Curriculum vitæ]. Le serveur vous demandera d'entrer votre mot de passe. Faites-le, puis cliquez sur le bouton [Confirmer mon mot de passe]. Vous voici devant un écran divisé en quatre sections. Nous allons consacrer les pages suivantes à ces sections.

Information de base. Les renseignements que vous fournirez servent simplement à vous présenter. Vous remarquerez que, par souci de sécurité, le programme ne demande pas votre numéro d'assurance sociale. Vous pourrez toujours l'ajouter juste avant l'impression finale de votre plan d'affaires, si vous utilisez un traitement de texte.

De plus, si vous faites partie d'une classe ou que vous souhaitez soumettre votre plan d'affaires par Internet à une institution financière, il est impératif que vous indiquiez votre adresse électronique. Sans cela, vos correspondants ne pourront pas communiquer avec vous.

Laissez-nous vous rappeler, à ce sujet, que même si vous bâtissez votre plan d'affaires à partir d'un ordinateur public, vous pouvez obtenir une adresse électronique en vous inscrivant auprès de services comme hotmail (www. hotmail.com). Et nous le rappelons une dernière fois : ce service est gratuit.

Nom :	
Adresse :	
Code postal :	
Date de naissance :	
Numéro de téléphone :	
Numéro de télécopieur :	
Adresse électronique :	

Formation. Cette deuxième section permettra au lecteur de votre plan d'affaires de réduire ses appréhensions relatives à votre capacité de mener à terme le projet que vous soumettez. Vous devez y mettre de l'avant l'étendue des connaissances que vous avez acquises au fil des ans.

Indiquez, en commençant par la formation la plus récente, la date de la formation, l'établissement d'enseignement fréquenté, le diplôme obtenu ou la spécialisation.

Ne vous limitez pas aux seules formations « officielles ». Incluez également les ateliers auxquels vous avez participé et les formations dont vous avez bénéficié chez vos anciens employeurs. Toute acquisition de connaissances est ici la bienvenue.

Date	Établissement	Diplôme, spécialisation

Expérience de travail. Inscrivez maintenant, en commençant par l'emploi le plus récent, vos six dernières expériences de travail. Indiquez la période de l'emploi, le nom de l'employeur et la fonction occupée. À ce sujet, ne vous en tenez pas au titre du poste que vous occupiez mais énumérez plutôt les tâches que vous étiez appelé à effectuer et mettez l'accent sur les habiletés qui seront nécessaires au succès de votre nouvelle entreprise.

Il faut retenir que ce travail n'est pas une simple liste, mais bien un outil de vente. Vous tentez de vendre vos compétences et l'idée qu'elles font de vous la personne tout indiquée pour lancer cette entreprise. Soyez donc précis quant à vos compétences.

Réalisations antérieures pertinentes au projet. Indiquez finalement six réalisations personnelles qui mettent en valeur vos talents et qui renforcent l'idée que vous avez tout pour concrétiser le projet élaboré dans votre plan d'affaires.

Pour vous aider à remplir cette quatrième section, nous vous présentons maintenant quelques questions portant sur les principaux facteurs de succès d'un futur travailleur autonome.

- *Qu'avez-vous réalisé qui prouve votre compétence dans ce secteur d'activité?* Avez-vous à ce jour mérité une récompense ou été invité à donner une conférence? Avez-vous écrit une chronique dans une revue spécialisée? Rappelez-vous vos bons coups et mettez-les sur papier. Vous savez ces choses, mais le lecteur de votre plan d'affaires les ignore probablement.

- *Qu'avez-vous réalisé à ce jour qui prouve que vous connaissez les rouages de ce secteur d'activité?* Avez-vous siégé à un comité quelconque ou représenté un employeur auprès d'une association sectorielle? Avez-vous fait de la représentation auprès d'un organisme gouvernemental chargé de réglementer votre industrie?

- *Qu'avez-vous réalisé qui prouve votre connaissance des besoins et des attentes des clients?* Avez-vous effectué un sondage visant à définir les besoins non satisfaits de la clientèle? Avez-vous effectué une recension des écrits à ce sujet? Avez-vous, dans une autre industrie, déjà effectué une étude de satisfaction de la clientèle?

Date	Employeur	Fonctions

Ce que vous devez prouver dans ce tableau, c'est qu'un banquier mise sur un gagnant en vous faisant confiance. Vous aurez tout le loisir, au chapitre 8, de présenter vos faiblesses et les moyens que vous envisagez pour les compenser.

Quand vous aurez terminé votre curriculum vitæ, cliquez sur le bouton [Envoyer]. Vous vous retrouverez alors face au menu précédent. Vous pouvez à tout moment revenir dans cet écran et apporter des modifications à ce que vous avez précédemment entré.

Votre bilan personnel

Cliquez maintenant sur [Bilan personnel]. Vous serez de nouveau appelé à taper votre mot de passe puis, quand ce sera fait, l'écran suivant apparaîtra.

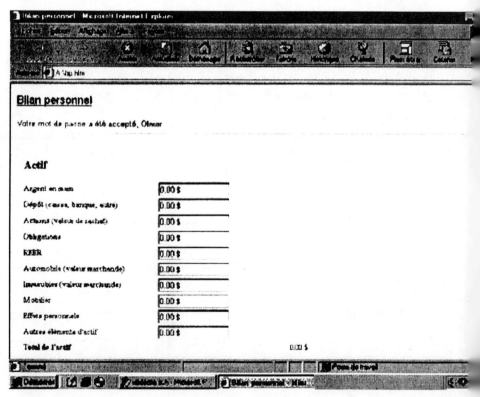

Comme il s'agit ici de la première fois que vous vous retrouvez face à un écran traitant de données numériques (un « écran financier »), quelques explications s'imposent. Voici des trucs qui vous aideront à mieux naviguer dans ces écrans.

- Dans un premier temps, vous remarquerez que certaines données financières sont modifiables, tandis que d'autres ne le sont pas. Les chiffres auxquels vous n'avez pas accès seront mis à jour par le serveur, sans que vous ayez à les traiter. Dans le cas du bilan personnel, par exemple, vous n'avez pas à calculer le total de l'actif ni le total du passif; ceux-ci sont calculés automatiquement à chaque mise à jour.

- Pour mettre à jour un écran financier, cliquez sur [Mise à jour], puis revenez à l'écran. Les nouvelles données auront été intégrées et les calculs, effectués.

- Pour quitter un écran financier sans faire de mise à jour, cliquez sur [*Cliquez ici pour retourner au menu précédent sans apporter de modification*]. Vous vous retrouverez automatiquement devant l'écran précédent.

- En règle générale, vous obtiendrez une meilleure mise en page lors de l'affichage des écrans financiers si votre affichage est à 800 pixels par 600 pixels ou plus. Avec une résolution inférieure, vous risquez, surtout dans des écrans comme le budget de caisse, de faire face à des chiffriers incompréhensibles.

- C'est le point décimal (.) et non la virgule (,) que vous devez utiliser pour que les mises à jour aient lieu. Si vous utilisez la virgule, un message d'erreur apparaîtra à l'écran. Si cela arrive, faites les modifications qui s'imposent et cliquez de nouveau sur [Mise à jour]. Vous n'aurez pas perdu d'information.

Nous avons reproduit, sur la page suivante, le bilan personnel que vous êtes appelé à remplir. Les zones où vous devez entrer de l'information sont indiquées par un signe de dollar ($). Les zones où un chiffre est mis à jour sont indiquées par la mention [Calcul automatique]. Dans les prochains écrans financiers, nous utiliserons plutôt la mention *Auto*.

ACTIF		
Argent en main	$	
Dépôt (caisse, banque, autre)	$	
Actions (valeur de rachat)	$	
Obligations	$	
REER	$	
Automobile (valeur marchande)	$	
Immeubles (valeur marchande)	$	
Mobilier	$	
Effets personnels	$	
Autres éléments d'actif	$	
Total de l'actif		Calcul auto
PASSIF		
Emprunts		
Caisse ou banque	$	
Autres	$	
Société de crédit	$	
Cartes de crédit	$	
Hypothèques	$	
Autres éléments de passif	$	
Total du passif	$	Calcul auto

L'information que vous soumettez est confidentielle, mais si vous hésitez à confier au logiciel vos renseignements financiers personnels, indiquez simplement des zéros (0.00 $) dans les cases de l'écran financier. Au moment où vous voudrez imprimer, si vous utilisez un traitement de texte, vous pourrez mettre l'information à jour à l'aide de votre propre ordinateur. Dans ce cas cependant, vous devrez renoncer à rendre votre plan d'affaires accessible à une institution financière et vous devrez également effectuer vous-même les calculs que le programme aurait fait automatiquement.

Si, à un moment ou l'autre, vous regrettez l'information saisie à l'écran depuis la dernière mise à jour, cliquez simplement sur le bouton [Restaurer]. Les renseignements seront ramenés à leurs valeurs initiales.

Quand vous aurez terminé cette section, cliquez sur le bouton [Mise à jour]. Vous vous retrouverez alors face au menu précédent. Vous pouvez à tout moment revenir dans cet écran et apporter des modifications à ce que vous avez précédemment entré.

Les autres renseignements

Pour atteindre cette section, cliquez sur [Autres renseignements]. Vous serez invité à taper votre mot de passe, puis l'écran apparaîtra.

Cet écran est constitué de deux sections. La première, qui aidera le banquier à établir votre budget discrétionnaire, a trait aux mensualités auxquelles vous devez faire face. C'est un tableau simple à remplir. Indiquez le montant de votre loyer ou de votre hypothèque, puis les autres paiements ou remboursements que vous acquittez chaque mois.

Loyer ou hypothèque	$
Autres paiements ou remboursements	$

La deuxième section est consacrée à votre expérience de crédit. Indiquez les cinq derniers emprunts que vous avez faits en mentionnant le nom de l'institution financière concernée, la date de l'emprunt, la raison d'être de l'emprunt (consolidation, achat d'une voiture, achat de mobilier, etc.) et le montant de l'emprunt. Quand ce sera fait, cliquez sur [Mettre à jour] et retournez au menu principal. Vous avez maintenant terminé la présentation du promoteur. Le prochain chapitre vous aidera à remplir la première section consacrée au marketing.

Institution	Date	Nature de l'emprunt	Montant
			$
			$
			$
			$
			$

« J'avais autre chose à dire… »

Vous terminez peut-être cette section en vous disant que nous avons oublié quelque chose, qu'un élément susceptible de vous mettre en valeur ne cadre pas dans les sections du logiciel et sera par conséquent exclu de votre plan d'affaires.

N'ayez crainte. Prenez immédiatement ces renseignements en note et dites-vous qu'avant l'impression (si vous imprimez par le biais d'un traitement de texte), il vous sera possible d'ajouter de nouvelles sections à votre plan d'affaires. Il ne serait pas raisonnable d'exclure de votre plan d'affaires toute information pouvant vous rapprocher du succès. Vous aurez également le loisir de biffer une section qui n'a pas de rapport direct avec votre projet.

Ces remarques valent autant pour la présentation du promoteur que pour toute autre section du plan d'affaires.

Chapitre 5

Le marketing

Faire du marketing, c'est gérer l'ensemble des points de contact qu'a un client avec votre entreprise pour vous assurer qu'il connaisse votre existence, qu'il ait envie de devenir client, qu'il apprécie son expérience d'achat et qu'il pense automatiquement à vous la prochaine fois qu'il aura un besoin semblable ou identique à combler. Faire du marketing, c'est gérer la clientèle.

Cette définition est lourde de conséquences. Elle sous-entend que le travailleur autonome qui ne se donne pas la peine de bien planifier les aspects marketing de son plan d'affaires risque de connaître les problèmes suivants.

- Les clients potentiels, ignorant son offre commerciale peut-être supérieure, continueront de faire des affaires ailleurs.

- Le travailleur autonome s'entêtera à offrir à la clientèle des produits ou des services dont elle ne veut pas ou dont elle n'a pas besoin.

- L'expérience d'achat du client sera si insatisfaisante qu'il refusera de faire à nouveau affaire avec le travailleur autonome, même si le produit ou le service correspondait à ses attentes.

- La communication commerciale (publicitaire ou promotionnelle) laissera de glace les clients parce qu'elle ne tiendra pas compte des critères d'achat de la clientèle potentielle.

Avez-vous les moyens de surmonter de tels problèmes? Probablement pas. Rendez-vous donc tout de suite au menu principal, puis cliquez sur [Marketing]. On vous demandera votre mot de passe. Dès que vous l'aurez tapé, vous vous retrouverez face au premier écran portant sur le marketing (le deuxième écran fera l'objet du prochain chapitre).

Ce chapitre et le suivant sont intimement liés. Nous vous rappelons qu'il est probable que vous effectuiez un va-et-vient régulier entre chaque section, au fur et à mesure que se préciseront votre pensée et votre projet.

Le produit

Qu'allez-vous vendre à vos clients? Ou plutôt, que vont-ils acheter de vous? C'est ici que nous vous demandons de décrire chacun de vos produits ou services en respectant la démarche suivante.

- Dans un premier temps, décrivez le produit ou le service en des termes génériques. Ainsi, si vous offrez un service de conception de sites Web, vous pourriez commencer en écrivant : « Je vais offrir à ma clientèle des sites Web clés en main. »

- Dans un deuxième temps, décrivez le produit en citant ses principales caractéristiques. Tenez-vous-en aux caractéristiques de votre produit (nous utiliserons désormais le mot « produit » pour décrire votre offre commerciale, qu'il s'agisse d'un produit ou d'un service) et ne traitez pas des produits concurrents.

- Finalement, expliquez ce que votre produit apporte aux clients visés et pourquoi ils se le procurent normalement. Ne comparez pas encore votre produit à ceux offerts par vos concurrents; vous aurez l'occasion d'en parler à la question suivante. Expliquez ce qui motive un client à faire l'achat d'un tel produit.

Dans notre exemple, le texte final pourrait se lire comme suit : Je vais offrir à ma clientèle des sites Web clés en main. Ces sites, basés sur le langage HTML et la programmation objet, permettent aux clients de se doter d'une vitrine commerciale à l'échelle mondiale et peuvent, grâce aux banques de données qui en font partie, réduire leurs coûts de service après-vente de 20 % dès la première année.

Concevez un paragraphe par produit. Ainsi, si le programmeur de notre exemple offrait également l'hébergement des sites créés dans son serveur, il écrirait un autre paragraphe à ce sujet. Ce qui importe, c'est de présenter, dans un seul paragraphe, le nom générique du produit, ses principales caractéristiques et le principal bénéfice qu'il offre à ceux qui en font l'achat.

Si votre produit est protégé par une marque de commerce, mentionnez-le également, mais assurez-vous d'indiquer aussi le nom générique. Vos lecteurs ne connaissent pas toutes les marques de commerce sur le marché.

Les forces et les faiblesses de votre produit

Votre entreprise naissante devra probablement faire face à des concurrents qui desservent depuis des années les clients que vous convoitez. Pour que ces clients acceptent de vous faire confiance, il faut que vous leur offriez quelque chose qu'ils n'ont pas déjà chez leur fournisseur actuel (c'est votre avantage concurrentiel) et il faut que votre présentation soit crédible.

Or, qui ferait confiance à un nouvel entrepreneur qui affirme que son produit est le meilleur, le moins cher, le plus performant, le plus fiable et le plus facile à utiliser sur le marché?

Le lecteur de votre plan d'affaires a besoin de savoir que vous ne vous lancez pas aveuglément et que vous savez quels avantages votre produit a par rapport à ceux de vos concurrents et quelles faiblesses l'affligent également.

Une offre commerciale qui n'a aucune lacune n'est pas crédible. Par contre, un entrepreneur qui est conscient des lacunes de son produit et qui prend les moyens pour amenuiser les effets négatifs de ses faiblesses transmet l'image de quelqu'un qui sait où il va.

Soyez donc franc quand vous remplirez cette section. Indiquez en quoi votre offre est supérieure à celle de vos concurrents et en quoi elle présente des faiblesses.

Votre politique de garantie

Votre produit sera-t-il garanti? Si oui, quel en sera le libellé? Sinon, quelle sera la réaction des clients potentiels que vous tenterez de convaincre? Cette question est importante parce qu'une bonne politique de garantie apporte plusieurs avantages à une nouvelle entreprise.

- Le risque perçu, dans l'esprit du client potentiel, de faire des affaires avec une nouvelle entreprise sera plus faible si l'offre commerciale englobe une garantie de résultat. Dans ce cas, l'offre semble plus crédible et elle a pour effet de réduire, chez l'acheteur, la peur de se tromper.

- Un énoncé de garantie bien rédigé et annexé au contrat peut même, en délimitant à l'avance votre engagement, réduire vos coûts si un incident survient. En cas de litige, vous pourrez y référer.

- La garantie peut également servir d'argument promotionnel. Si vos futurs concurrents n'en offrent pas, le fait d'arriver avec une garantie écrite vous distinguera et pourrait même constituer un avantage concurrentiel.

Contentez-vous ici de décrire votre politique de garantie et n'entrez pas dans les détails financiers ou techniques de votre service après-vente. Ces détails devront être abordés à la prochaine question.

Votre service après-vente

Il existe deux façons de faire grimper un chiffre d'affaires : vendre à plus de clients ou vendre plus souvent à nos clients actuels. Si on penche pour la deuxième façon, il est important de s'assurer que nos clients soient satisfaits.

Pour certains entrepreneurs, le service après-vente ne fait pas partie intégrante du processus de vente. Pour eux, le client qui y a recours est un pur chialeur. Pourtant, les entreprises performantes savent que, en adoptant un bon service après-vente, les clients seront fidélisés.

Déterminez de quoi sera fait votre service après-vente et combien il coûtera en pourcentage de vos ventes. Vous y gagnerez au moins sur ces trois tableaux.

• Vous serez davantage en mesure de fidéliser votre clientèle.

• Vous pourrez établir votre politique de prix en fonction de cette réalité, sans occulter cette dimension.

• S'ils sont intégrés à votre planification financière, les coûts relatifs au service après-vente ne viendront pas gruger directement vos profits estimés et, par conséquent, ils vous irriteront moins. Cela influencera la qualité de vos contacts avec les clients.

L'étendue de vos services

Un produit, c'est bien plus qu'un produit. La description que vous avez faites, à la première question de ce chapitre, du produit ou du service que vous comptez mettre en marché ne rend pas justice à l'ensemble de votre offre commerciale.

Quand un client achète un produit ou un service, il achète également la qualité de la relation qu'il a avec vous, le service après-vente, la garantie de satisfaction, le délai de livraison et les services supplémentaires que vous incorporez dans votre offre commerciale mais qui ne constituent pas, à proprement parler, votre produit de base. Quels sont ces services dans votre cas?

La somme de votre produit et de tous ces éléments s'appelle le « produit augmenté ». Profitez de cette question pour mentionner ce que vous offrirez à vos clients en plus du produit ou du service facturé. Il vous faudra tenir compte de ces éléments lors de l'établissement de votre structure de prix.

Pour le concepteur de sites Web, par exemple, un contrat implique bien davantage que la simple conception d'un site : il doit tenir compte d'une rencontre initiale au cours de laquelle seront évalués les besoins et les attentes du client, de la création de deux ou trois maquettes parmi lesquelles le client choisira celle qui lui convient et d'une journée de formation offerte à la personne que le client désignera.

Votre secteur d'activité

Profitez de cette question pour décrire votre secteur d'activité tel qu'il est actuellement. Ne traitez pas de tendances ici, puisque ce sera le thème de la prochaine question.

Voici quelques suggestions qui vous guideront pour la rédaction de cette réponse.

- *Le chiffre d'affaires global.* Quel est le volume de vente que se partageront, cette année, l'ensemble des acteurs de cette industrie?

- *S'agit-il d'une industrie très concentrée?* Y a-t-il peu ou beaucoup de concurrents? Quel est le chiffre d'affaires moyen de chaque entité? En d'autres mots, allez-vous vous attaquer à des géants ou à des entreprises comparables à la vôtre?

- *Est-ce une industrie rentable?* Si tel est le cas, il est probable que d'autres songent à y entrer. Votre offre commerciale devra alors être très différenciée pour que vous puissiez vous y faire une place.

- *Y a-t-il beaucoup de barrières à l'entrée?* Les barrières à l'entrée, ce sont des éléments structuraux d'une industrie qui limitent l'arrivée de nouveaux concurrents. Mentionnons par exemple les contacts privilégiés de vos concurrents, les réglementations gouvernementales, l'investissement minimal requis, etc.

Les tendances dans votre secteur d'activité

La question précédente vous a permis de planter le décor. Vous allez maintenant, grâce à cette question, présenter au lecteur de votre plan d'affaires ce qui se passe dans votre industrie.

Commencez par traiter de ce qui s'est passé ces dernières années. Votre secteur d'activité a-t-il connu une croissance ou une décroissance? Comment se sont comportées les marges bénéficiaires?

Traitez ensuite des perspectives d'avenir. Que prévoit-on pour les prochaines années? Des bouleversements technologiques sont-ils attendus? Le marché sera-t-il en croissance, stable ou en décroissance? Qu'en disent les spécialistes?

Après avoir lu votre réponse à cette section, votre lecteur se sera fait une idée de la dynamique dans votre secteur. Voici quelques-unes des hypothèses qui le guideront alors.

- Si le secteur d'activité est stable ou en décroissance, une nouvelle entreprise devra ravir des clients à ses concurrents pour se faire une place. Cela risque de lui attirer des mesures de représailles.

- Si les marges bénéficiaires ont diminué au cours des dernières années, c'est peut-être parce qu'il y a déjà assez de concurrents.

Les menaces qui planent sur votre secteur d'activité

Le plan d'affaires duquel émane un optimisme sans égal ne manque jamais de susciter le doute ou même l'inquiétude dans l'esprit du lecteur. Ce dernier se demande alors si le rédacteur du plan a bien fait tout son travail. Il se méfie de ceux qui n'enlèvent jamais leurs lunettes roses.

Relevez donc au moins une menace planant sur votre secteur et indiquez ce que vous ferez si jamais vous deviez y faire face. C'est le temps de faire la preuve que vous avez un ou plusieurs plans de rechange. Pour vous aider à répondre à cette question, nous vous énumérons quelques menaces qui ont déjà bouleversé certaines industries.

- Une nouvelle technologie pourrait venir changer la perception des clients et les pousser à se tourner vers de nouveaux fournisseurs.

- Une importante entreprise d'un domaine complémentaire pourrait tenter une incursion dans ce secteur.

- Une modification du cadre législatif de ce secteur d'activité pourrait expulser certains concurrents mal préparés.

- Le besoin pour un service de formation pourrait carrément disparaître du fait que les clients ont comblé leur ignorance et savent maintenant se débrouiller seuls.

Votre maîtrise de la situation

C'est maintenant le temps de faire la preuve que vous êtes capable d'utiliser l'information contenue dans vos trois dernières réponses pour formuler une stratégie d'arrivée dans votre marché.

Que déduisez-vous de vos trois dernières réponses? Quelle serait selon vous la meilleure façon de faire votre entrée dans ce marché? Les menaces que vous avez repérées à la question précédente pourraient-elles être transformées en occasions d'affaires pour un nouveau venu comme vous? Comment une nouvelle entreprise pourrait-elle profiter du fait que le marché soit en croissance ou en décroissance? Comment comptez-vous, si vous les avez mentionnées, faire exploser les barrières à l'entrée qui existaient jusqu'ici?

Si vous souhaitez faire grimper votre crédibilité, n'oubliez pas de produire des statistiques officielles (en provenance d'un organisme gouvernemental, d'une association sectorielle ou d'un spécialiste reconnu) ou de citer des articles de magazines. Chaque fois que vous pouvez prouver, pièce à l'appui, que vous n'avez pas forgé l'information que vous présentez, vous améliorez la réceptivité de votre lecteur.

Le message que votre réponse doit communiquer, c'est que vous êtes bien conscient des turbulences dans votre industrie et vous savez quoi faire pour en tirer parti.

L'envergure géographique de votre marché

Vous avez jusqu'ici traiter de votre industrie en général, mais vous entendez probablement concentrer vos efforts, du moins au début, sur une fraction de ce marché, sur un *segment*. Dans son plan d'affaires, par exemple, le concepteur de sites Web dira peut-être que plusieurs millions de nouveaux sites sont créés chaque année, mais il ne tentera pas de faire croire au lecteur de son plan d'affaires qu'il vise ce marché dans son entier.

Quelle sera l'envergure géographique de votre marché? Locale? Régionale? Nationale? Internationale? Cette réponse est importante parce qu'elle vous permettra de quantifier la valeur du marché que vous visez (ce sera le thème de la prochaine question), ce qui aura une influence directe sur votre budget de communication : il en coûte moins cher de développer un marché régional en utilisant le marketing direct que de se lancer à l'assaut d'un marché mondial en utilisant les médias de masse.

Remarquez qu'il est aussi possible qu'un de vos produits soit destiné à un marché local et qu'un autre soit diffusé mondialement par le réseau Internet.

Encore une fois, assurez-vous d'être cohérent. Si vous annoncez votre intention d'envahir le marché japonais, faites la preuve que vous maîtrisez la langue ou qu'une personne de votre entourage le fait.

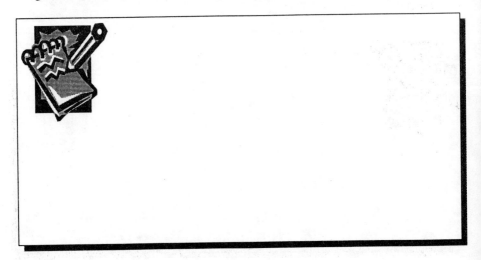

La valeur de ce marché

L'envergure géographique de votre marché étant délimitée, il vous faut maintenant prouver à votre lecteur que ce marché contient suffisamment de clients pour assurer la viabilité et la croissance de votre nouvelle entreprise.

Il existe plusieurs façons d'évaluer la valeur d'un marché. La démarche la plus fréquente s'effectue en quatre étapes.

1. Vous commencez par faire un portrait-robot du client type que vous tenterez de convaincre. Par exemple, les propriétaires de club vidéo.

2. Vous trouvez combien il y a de clients potentiels dans le marché géographique que vous avez délimité à la question précédente. Par exemple, 125.

3. Vous évaluez finalement quels sont les achats annuels moyens d'un client type. Par exemple, un club vidéo moyen achète pour 100 $ par année de services semblables à ceux que vous offrirez. Pour savoir où trouver ces renseignements, consultez la liste des adresses Internet proposées sur Plandaffaires.com.

4. Une simple multiplication (125 x 100 $ = 12 500 $) vous permet ensuite d'évaluer la valeur du marché convoité.

Les preuves de vos hypothèses

Résumons ce que vous avez fait depuis le début de ce chapitre. Jusqu'ici, vous avez tour à tour défini votre offre commerciale, décrit votre secteur d'activité puis délimité à quel segment géographique de votre industrie vous alliez vous adresser. Puis, vous avez évalué les achats annuels moyens du marché convoité.

Les prochaines questions porteront sur la performance prévue de votre nouvelle entreprise dans ce marché convoité. Mais avant de continuer, vous devez prouver à votre lecteur que vous n'avez pas inventé ce qu'il vient de lire et que vos hypothèses sont bien plus que de simples fabulations. Si vous ne le faites pas, c'est avec un brin de scepticisme qu'il lira la suite de votre démonstration.

Supposez, pour répondre à cette question, que votre lecteur vous demande ceci : « C'est intéressant tout cela, mais j'aimerais bien me renseigner davantage sur ce que vous avez affirmé. Pouvez-vous me dire d'où proviennent vos hypothèses? » Il ne se donnera probablement pas la peine de les vérifier, mais il se sentira rassuré de connaître vos sources.

Indiquez à votre lecteur où il pourra trouver de l'information sur les tendances dans votre industrie et sur la valeur de votre marché. Vous pouvez commencer votre réponse comme ceci : « De nombreuses sources peuvent confirmer le bien-fondé des renseignements dévoilés jusqu'ici. Parmi celles-ci, mentionnons... »

La part de marché visée

Votre réponse à cette question est très importante, puisqu'elle sera à la base de votre planification financière et qu'elle vous permettra de décider si, oui ou non, le projet vaut la peine d'être entrepris.

Vous devez évaluer quelle proportion de la clientèle du marché géographique que vous avez délimité vous serez en mesure de conquérir à court, à moyen et à long terme. Par exemple, si vous convoitez un marché évalué à 100 000 $ et que vous vous attendez à conquérir 45 % de ce marché, cela veut donc dire que vous prévoyez effectuer 45 000 $ de ventes (100 000 $ x 45 %).

Cette réponse devra être appuyée par l'analyse concurrentielle que vous effectuerez au chapitre suivant. Si vos concurrents déjà en place sont très efficaces et savent satisfaire la clientèle, vous arriverez difficilement à conquérir une part importante du marché. Si, au contraire, ils sont peu efficaces, peu imaginatifs et que leur clientèle est insatisfaite, vous pouvez viser une part de marché plus importante.

En résumé, votre réponse à cette question doit être cohérente avec l'ensemble de votre plan d'affaires et vous devez vous attendre à y revenir à quelques reprises, au fur et à mesure que vous avancerez dans la rédaction de votre plan d'affaires.

Vos stratégies promotionnelles

Cette part de marché que vous avez prévu gagner ne vous tombera pas du ciel. Pour aller la chercher, vous aurez à faire connaître l'offre commerciale que vous avez développée et à provoquer, chez vos clients potentiels, l'envie de procéder à un premier achat.

Nous ne parlons pas de publicité ici. La publicité sera traitée à la prochaine question. Par « stratégie promotionnelle », nous entendons les moyens que vous utiliserez pour donner le goût à vos clients potentiels de vous faire confiance une première fois.

Chaque secteur d'activité étant différent, nous ne pouvons ici que vous présenter les principales catégories de promotions.

- *Les essais.* C'est de loin le type de promotion le plus utilisé par les travailleurs autonomes. Ces promotions consistent à faire goûter, sans aucune condition, les bénéfices de faire des affaires avec vous. C'est ainsi que le comptable offrira un examen gratuit de livres comptables, que le programmeur offrira une version démo de son logiciel, que l'infographiste proposera à un client potentiel une rencontre d'évaluation de ses besoins qui ne l'engage en rien. Le but de l'essai est de créer un premier contact favorable et de laisser entrevoir tous les avantages de faire des affaires avec vous.

- *Les créateurs d'achalandage.* Il s'agit d'événements susceptibles d'attirer des gens et qui vous permettent de faire passer votre message commercial. Parmi les créateurs d'achalandage les plus utilisés par les travailleurs autonomes, on retrouve la conférence gratuite offerte à des groupes de clients potentiels et les démonstrations spectaculaires présentées pendant des foires commerciales.

- *La réduction.* Vous offrez une réduction si le client potentiel achète d'ici à une date précise. Ce faisant, vous misez sur l'effet mobilisateur du retrait éventuel de votre offre.

- *L'entente de partenariat-témoignage.* Avec cette promotion, vous offrez vos services gratuitement ou à prix fortement réduit à un client prestigieux à la condition que, s'il est satisfait, vous puissiez utiliser son nom dans vos premières publicités. Cette promotion peut s'avérer particulièrement rentable si vous offrez un produit ou un service très spécialisé.

Soyez prudent quand vous choisirez votre promotion; assurez-vous qu'elle soit adaptée à votre entreprise. Une promotion mal choisie pourrait être contre-productive. Assurez-vous, avant de mettre en branle une campagne promotionnelle, qu'elle possède les caractéristiques suivantes :

- *Une bonne promotion renforce votre image.* Si vous souhaitez imposer une image professionnelle, ne recourez pas à une vente « 2 pour 1 » ou à une vente à 1¢.

- *Une bonne promotion ne dilue pas vos énergies.* Vos efforts doivent être dirigés vers le développement de votre clientèle. Une promotion qui grugerait une part trop importante de votre temps serait contre-productive.

- *Une bonne promotion attire les bons clients.* À quoi bon remplir un auditorium complet si vous n'attirez pas à votre conférence des clients susceptibles d'être intéressés par votre offre commerciale? Ne lancez pas de promotion si elle ne vous rapproche pas de vos objectifs commerciaux.

Votre stratégie publicitaire

Cette question peut facilement porter à confusion. Vous ne devez pas y détailler votre budget publicitaire, ce que vous ferez lors de la planification financière. Vous ne devez pas non plus y indiquer quels médias publicitaires vous utiliserez, chose que vous serez appelé à faire lorsque vous répondrez à la prochaine question. Ce que vous devez faire ici, c'est indiquer quel sera votre axe de communication quand viendra le temps d'utiliser la publicité pour présenter votre offre commerciale.

Un axe de communication se cache derrière un slogan ou l'image qu'on souhaite projeter. Il doit naturellement être basé sur une évaluation des forces et des faiblesses de votre offre commerciale. Vous serez invité à faire une telle évaluation au prochain chapitre, mais indiquez tout de même une première réponse ici.

Ainsi, vous ne vanterez pas la qualité de votre produit si ce dernier se classe bon dernier quand on le compare à ceux de vos quatre principaux concurrents. Vous ne vanterez pas non plus la rapidité de votre service si vous vous classez avant-dernier sur ce point.

Vous devinerez donc que votre axe de communication sera basé sur votre avantage concurrentiel. Trouvez donc un slogan qui le mettra en valeur et expliquez, dans votre réponse, en quoi il pourra attirer favorablement l'attention de votre clientèle.

Votre stratégie média

Quels médias utiliserez-vous pour véhiculer l'axe de communication qui vous permettra d'atteindre vos objectifs de part de marché? Par quels médias transiteront les messages destinés à influencer la clientèle potentielle?

La règle d'or à ce sujet est la suivante : vous devez annoncer dans les médias qui touchent votre clientèle cible. Dans un deuxième temps seulement, vous comparerez les grilles de tarifs des médias en question.

Vous avez sûrement déjà repéré quelques clients potentiels. Rencontrez-les et posez-leur les questions suivantes. Vous serez en mesure de reconnaître les médias qui vous offriront des chances de succès.

- Quels journaux lisez-vous?
- Quelles sections du journal lisez-vous particulièrement?
- Quelles stations de radio écoutez-vous?
- Quelles émissions de radio écoutez-vous particulièrement?
- Quelles émissions de télé regardez-vous?
- Quels magazines lisez-vous chaque mois?
- Naviguez-vous dans Internet?
- Que pensez-vous des publipostages? Lisez-vous les offres commerciales que vous recevez par la poste?
- Que pensez-vous de la publicité expédiée par télécopieur?

Votre budget publicitaire

Vous devez indiquer ici quelle proportion de vos ventes sera consacrée à la publicité. Seule la proportion est importante. Vous n'avez pas à établir un budget publicitaire pour l'instant. Vous aurez l'occasion de le faire au chapitre consacré à la planification financière. Voici quelques conseils qui vous aideront à trouver cette proportion si vous n'avez aucune idée du chiffre à inscrire ici.

- Si vous êtes membre d'une association professionnelle, un permanent de l'association sera enchanté de vous dire quel est le taux normal dans votre industrie. Ce sera votre point de départ.

- Si vous n'avez pas ce genre d'accès à l'information, contactez Statistique Canada ou Dun & Bradstreet. Ils sauront vous éclairer.

- Votre entreprise étant en démarrage et ne jouissant pas encore d'une grande notoriété, vous devrez bonifier ce montant.

- Si, de plus, vous entendez vous différencier en misant sur des bas prix, vous devrez bonifier encore un peu plus.

Vous pouvez également évaluer votre budget publicitaire en estimant le nombre de nouveaux clients que vous tenterez de conquérir la première année et en multipliant ce nombre par le budget publicitaire moyen nécessaire à chaque conquête.

Votre politique de prix

C'est dans la politique de prix qu'on reconnaît le plus souvent la confusion entre travail autonome et travail salarié. Le travailleur autonome gère une entreprise mais, fréquemment, il se contente d'honoraires qui couvrent à peine son salaire et ne tiennent pas compte de ses dépenses pour rester en affaires.

Combien devrez-vous exiger pour votre produit ou vos services si vous souhaitez pouvoir manger et permettre à votre entreprise de se développer? Pour répondre à cette question, gardez à l'esprit tout ce qui doit entrer dans le calcul de votre prix : vos frais fixes, vos frais variables, votre service après-vente, vos coûts de publicité, vos coûts de crédit, vos dépenses en recherche et développement et votre profit.

Rappelez-vous également que les clients potentiels utilisent votre prix pour se faire une idée de la qualité de votre offre commerciale. Si vous êtes trop bon marché par rapport à vos concurrents, ils risquent de ne pas avoir confiance en vous. Tentez d'apprendre quels sont les prix facturés dans votre secteur d'activité; votre image en dépend!

Si vous négligez de tenir compte de tous ces éléments, votre entreprise verra ses profits chuter et vous risquez de ne pas pouvoir réinvestir quand un nouveau besoin ou un changement technologique vous obligera à le faire.

Votre marge bénéficiaire brute

Distinguons d'abord les frais fixes et les frais variables. Supposons pour ce faire que vous vous lancez dans la consultation en qualité totale et que vous venez de signer un contrat de 10 000 $.

- Les *frais variables* sont les dépenses que vous devrez faire pour mener ce contrat à terme. Vous y retrouverez votre salaire, les honoraires des pigistes travaillant avec vous, des frais de déplacement et de communication, etc. Supposons que, dans notre exemple, ces frais s'élèvent à 4 000 $.

- Les *frais fixes* sont les dépenses mensuelles que vous ayez ou non conclu des ventes. Vous y retrouvez vos frais de financement, l'amortissement des immobilisations, votre loyer et vous coûts de chauffage, votre cotisation annuelle à une association professionnelle, les frais d'hébergement de votre site Web, etc.

- Votre *marge bénéficiaire brute*, c'est ce qu'il reste d'un contrat une fois que les frais variables ont été payés. Dans notre exemple, elle s'élève à 60 %, soit (10 000 $ - 4 000 $) / 10 000 $.

Vous aurez l'occasion de revenir sur ces notions un peu plus tard, quand vous calculerez votre seuil de rentabilité.

Vos conditions de vente

Vos clients vous paieront-ils comptant? Sur facturation? Le fait de le penser constitue une erreur fréquente lors de la rédaction d'un plan d'affaires. Les gens paient rarement comptant et, dans plusieurs secteurs d'activité, les conditions de vente peuvent devenir des avantages concurrentiels.

Cette réalité peut avoir des répercussions importantes sur les liquidités de l'entreprise. Il peut même arriver qu'un accroissement subi des ventes rende une entreprise insolvable parce qu'elle n'arrive plus à trouver les ressources financières nécessaires pour payer ses frais fixes.

Malheureusement, si tous vos concurrents sont normalement payés au bout de 45 jours, vous ne pourrez exiger un paiement comptant sans faire germer la suspicion dans l'esprit de votre client potentiel. Il est préférable, pour une entreprise en démarrage, d'aligner ses conditions de vente sur celles de ses concurrents.

Pour répondre à cette question, vous devez découvrir quelles sont les conditions de vente dans votre secteur d'activité. Demandez à quelques clients potentiels qui ont déjà eu recours à vos concurrents quelles étaient les conditions de vente et faites-en votre réponse. Vous aurez l'occasion, pendant la planification financière, de vérifier les répercussions d'une telle politique.

Le mode de vente

Expliquez comment sera vendu votre produit ou votre service. Ferez-vous toutes les ventes? Aurez-vous recours à des intermédiaires? Utiliserez-vous un site Web interactif? Ferez-vous bon usage de votre réseau de contacts? S'il est vrai que la majorité des travailleurs autonomes jouent à la fois le rôle d'équipe de production et d'équipe de vente, vous n'avez pas à vous arrêter là.

- Des distributeurs ou d'autres professionnels pourraient être intéressés à intégrer votre offre commerciale à leur catalogue. C'est ainsi qu'un consultant en qualité totale pourra devenir client d'une maison d'enseignement qui se chargera d'effectuer certaines ventes. Des spécialistes appellent cela la bonification réseau.

- Vos pigistes ou vos sous-traitants peuvent parfois se voir demander de préparer un devis clés en main. Si vous avez conclu une alliance avec eux, ils pourraient intégrer vos services à leurs propres offres de service.

- La technologie peut également, dans bien des cas, vous aider à conclure des ventes. Avez-vous pensé à un site Web interactif?

N'oubliez pas le caractère multiplicateur d'un réseau bien entretenu, mais tenez également compte de votre capacité de production avant d'encourager un tiers à vendre vos services.

La rémunération des intermédiaires

Quand vient le temps d'entretenir un réseau, rien ne vaut le principe de réciprocité : si tu me trouves un contrat, je vais tenter de t'en trouver un à mon tour.

Mais il y a des personnes que vous ne pouvez pas récompenser avec la simple réciprocité. Certains intermédiaires s'attendront à une commission s'ils vous permettent d'obtenir un contrat ou s'ils incluent vos services dans la proposition clés en main qu'ils sont en train de rédiger.

D'autres, finalement, se contenteront de vous refiler les coordonnées d'un client qui a besoin du produit ou du service que vous mettez en marché.

Comment allez-vous récompenser et encourager les intermédiaires qui vous permettront de conclure des ventes? Il vaut mieux, pour éviter les comportements arbitraires qui pourraient heurter les susceptibilités (si vous récompensez une personne et que vous en oubliez une autre, ça va se savoir, soyez-en assuré), rédiger une politique qui sera la même pour tous.

Encore une fois, si vous ne savez pas quoi répondre à cette question, tentez de savoir comment procèdent vos concurrents. Il est dangereux de ne pas récompenser les intermédiaires si eux le font toujours.

Votre réseau de distribution

Un réseau de distribution, c'est l'ensemble des moyens par lesquels un produit ou un service se rend chez son utilisateur final. La représentation graphique suivante illustre le réseau de distribution d'un concepteur de sites Web. Comme vous pouvez le constater, trois circuits permettent de rendre un site Web fonctionnel chez un client. L'ensemble de ces circuits, c'est le réseau de distribution.

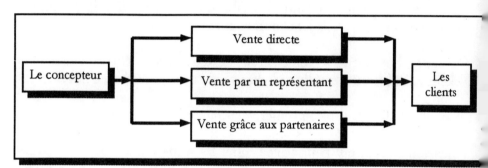

Vous pouvez maintenant, en regroupant l'information relative aux dernières questions, tracer le portrait de votre réseau de distribution. Traitez des coûts inhérents à chaque circuit et du potentiel de développement de marché que recèle chacun d'eux.

Finalement, si vous avez à ce jour déjà conclu des ententes avec un ou des intermédiaires, annoncez que celles-ci se retrouveront en annexe.

La justification de votre choix de réseau

Présentez ici les différences et les ressemblances entre votre réseau de distribution et celui de vos concurrents. Indiquez également les forces et les faiblesses de votre réseau, puis terminez en expliquant pourquoi vous avez choisi tel réseau.

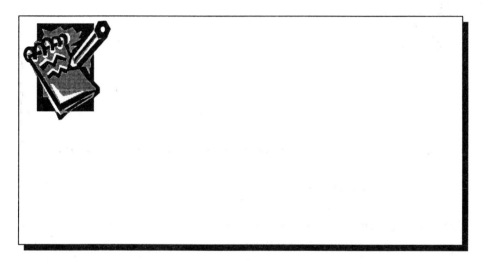

Vos délais de livraison

Combien s'écoulera-t-il de temps, en moyenne, entre la signature d'un contrat et la livraison du produit ou du service au client? Comment ces délais se comparent-ils à ceux observés dans votre industrie? Comment vos délais de livraison influenceront-ils le taux de satisfaction de vos clients?

La livraison est souvent le dernier point de contact entre une entreprise et ses clients. Si ce point de contact est agréable, les chances de revoir le client sont grandes. Si ce point de contact lui laisse au contraire un goût amer dans la bouche, il ira voir ailleurs la prochaine fois.

S'il y a un écart entre vos délais de livraison et ceux de vos concurrents, expliquez également pourquoi. Ce peut être parce que vos concurrents n'ont pas recours à des pigistes et qu'ils font tout le travail eux-mêmes. D'autres explications sont également possibles.

Finalement, si vous prévoyez que vos délais de livraison diminueront au cours des premiers mois d'activité, indiquez-le et dites pourquoi.

« J'ai enfin terminé! »

Dès que vous aurez terminé cette section, cliquez sur [Sauvegarder] et vos réponses seront transmises au serveur. Il est bien entendu que vous devrez revenir plusieurs fois à cet écran avant d'avoir complété le travail. Ce qui importe, c'est de travailler tous les jours et de laisser les idées faire leur place dans votre esprit.

Chapitre 6

L'analyse marketing

E ncore du marketing, vous dites-vous? Si répondre aux questions du chapitre précédent a constitué pour vous un exercice exténuant, vous apprendrez avec consternation qu'il vous reste une autre section sur le marketing à remplir.

En effet, vous n'avez pas encore effectué d'analyse concurrentielle et pourtant, cette analyse est essentielle si vous voulez confirmer que vous possédez bel et bien un avantage concurrentiel et si vous souhaitez vous assurer qu'il y a bel et bien de la place pour vous dans ce marché.

Les sections que vous remplirez dans ce chapitre viendront compléter votre travail du chapitre précédent. Lors de la compilation de votre plan d'affaires, le contenu des deux sections sera jumelé, de sorte que vous n'aurez, dans votre plan d'affaires, qu'une seule section marketing.

Rendez-vous au menu principal. De là, cliquez sur [Analyse marketing]. Vous verrez immédiatement apparaître un écran qui vous présentera trois choix. Vous serez appelé à travailler à ces trois thèmes au fil de ce chapitre. Dès que vous aurez terminé, vous pourrez passer aux activités de production.

Analyse marketing

Voici vos trois choix :

Analyse concurrentielle
Clients cibles
Avantages concurrentiels

Accueil - Courriel - Impression - Questions ou commentaires - Avis au professeur - Avis à une institution financière

L'analyse concurrentielle

Cet écran vous permet d'évaluer vos concurrents et de définir leurs forces et leurs faiblesses. Votre stratégie marketing devrait évidemment tenter de tirer parti des faiblesses relevées.

Cliquez sur [Analyse concurrentielle] et tapez votre mot de passe quand le logiciel vous le demandera. Vous vous retrouverez face à un écran que nous avons reproduit sur la page suivante.

L'écran vous permet d'énumérer jusqu'à 17 concurrents. Si vous ne le complétez pas en entier, vous pourrez toujours, lors de l'impression, supprimer les cellules vides. Il vaut mieux, toutefois, remplir cette grille le plus possible. Vous ferez ainsi la preuve que vous avez bien évalué les acteurs auxquels vous entendez vous mesurer.

Commencez par taper le nom du concurrent dans la première colonne. Dans les colonnes deux et trois, inscrivez respectivement les points forts et les points faibles de chaque concurrent puis, dans la dernière colonne, inscrivez la part de marché que détient selon vous ce concurrent.

Concurrent	Points forts	Points faibles	Part de marché

Si vous n'avez aucune idée de la part de marché détenue par chacun de vos futurs concurrents, voici quelques suggestions qui vous permettront de l'estimer. Il est bien entendu, puisque vous n'avez pas accès aux états financiers de vos concurrents, que ce chiffre ne peut qu'être approximatif.

• Demandez à dix clients potentiels de vous nommer deux ou trois de vos concurrents. Il est probable que les noms qui reviendront le plus souvent sont ceux qui ont le plus de notoriété et ceux qui ont les plus grandes parts de marché.

- Présentez une photocopie de votre tableau à un fournisseur qui dessert la majorité de vos concurrents. Demandez-lui d'estimer les parts de marché respectives de chacun. Vous serez surpris du savoir qu'un fournisseur d'expérience peut avoir emmagasiné.

- Renseignez-vous sur le nombre d'employés que compte chaque concurrent. Dans une industrie où on ne recourt pas systématiquement à la sous-traitance, les résultats devraient vous éclairer sur les parts de marché respectives de chacun.

Quand vous aurez rempli le tableau, cliquez sur [Envoyer] pour que vos données soient sauvegardées. Vous serez déjà prêt à remplir le tableau suivant.

Mais avant de fermer cet écran, étudiez les données que vous venez d'y entrer et demandez-vous si la stratégie que vous avez retenue est encore valable. Voici, à ce sujet, quelques questions que vous pouvez vous poser.

- Que puis-je déduire de ce tableau?

- Suis-je le seul à posséder l'avantage concurrentiel dont je me réclame?

- D'autres occasions d'affaires que j'ai ignorées à ce jour sont-elles décelables dans mon tableau? Existe-t-il une faiblesse largement partagée par tous mes concurrents?

- Existe-t-il un point fort largement partagé que je me dois de posséder si je ne veux pas désappointer mes clients?

Les clients cibles

À plusieurs reprises au cours du chapitre précédent, nous avons fait référence à votre client cible sans jamais vous demander de le décrire. Le temps est maintenant venu. À partir du menu principal, cliquez sur [Analyse marketing], puis sur [Clients cibles]. Vous devrez taper votre mot de passe avant de vous retrouver devant un écran comportant les questions suivantes.

Vendrez-vous à des consommateurs ou à des entreprises?	
Qui sont-ils?	
Quel est leur principal critère d'achat?	
Sont-ils très sensibles au facteur prix?	
Comment achètent-ils?	
Comment payent-ils?	
Où sont-ils situés?	
Où se procurent-ils actuellement le produit ou le service que vous entendez concurrencer?	
Ont-ils besoin de votre produit ou de votre service?	
Quelle est la nature de leurs relations avec vos futurs concurrents?	

Parce que votre succès dépend en grande partie de la qualité de vos réponses à chacune d'elles, ces questions méritent que l'on s'y attarde un peu. Voici donc, pour chacune, ce que votre lecteur y verra et ce que vous devriez y voir.

1. Vendrez-vous à des consommateurs ou à des entreprises? La réponse à cette question a de profondes répercussions sur votre budget publicitaire et sur votre réseau de distribution. Vous devrez, si vous prévoyez vendre à des consommateurs, réserver un budget publicitaire plus important que si vous comptez vendre à des entreprises.

2. Qui sont-ils? Procédez ici à une courte description des clients que vous visez. Vous pouvez pour ce faire recourir à une simple description de leur secteur d'activité (s'il s'agit d'entreprises) ou utiliser des critères sociodémographiques (s'il s'agit de consommateurs). Voici, à ce sujet, les principaux facteurs sociodémographiques utilisés en marketing :

- le groupe d'âge;
- le statut familial;
- l'occupation;
- le revenu familial;
- les champs d'intérêt.

Faites la preuve que vous connaissez bien vos futurs clients et que vous ne gaspillerez pas votre budget publicitaire dans des médias qui ne les rejoindront pas.

3. Quel est leur principal critère d'achat? Vous ne pourrez répondre correctement à cette question si vous n'avez pas rencontré quelques clients potentiels pour discuter franchement avec eux. Vous devez savoir pourquoi ils achètent votre produit ou votre service et quel est pour eux le facteur de décision le plus important quand arrive le temps de choisir entre deux offres concurrentes. Si vous pouvez de plus annexer une étude officielle confirmant ce que vous avancez, vous serez en mesure de convaincre votre lecteur.

4. Sont-ils très sensibles au facteur prix? Les clients n'ont pas tous la même sensibilité au facteur prix. Si vous vendez par exemple un produit qui ne constitue que 1 % du coût de production de vos clients, ceux-ci seront bien plus préoccupés par la qualité de votre offre que par le prix exigé. Par contre, dans d'autres secteurs, une augmentation de prix de 5 % sera suffisante pour que les clients commencent à évaluer les offres concurrentes.

Il est évident que si vos clients sont très sensibles au facteur prix, votre marge de manœuvre sera réduite et vous ne pourrez pas incorporer à votre offre des caractéristiques qui en font trop augmenter le prix.

5. Comment achètent-ils? Indiquez ici quel est le comportement de vos clients cibles quand arrive le temps de procéder à un achat. Achètent-ils impulsivement? Doivent-ils procéder par soumission? À qui revient la décision d'achat finale?

Vous pouvez également profiter de cette question pour indiquer quel est leur cycle d'achat. Certains acheteurs industriels achètent pour un mois à la fois, tandis que d'autres passent des commandes plus importantes. Bien connaître le cycle d'achat de vos clients est essentiel parce que, si vous ne le connaissez pas, vous courez deux risques importants.

- Vous risquez de les visiter trop souvent et, ainsi, de dépenser trop d'argent en frais de représentation et de passer pour un fatigant à leurs yeux.

- Vous risquez d'attendre trop longtemps avant de revisiter et d'apprendre, une fois sur place, que vos client ont manqué de votre produit et qu'ils se sont rabattus sur le premier concurrent qui s'est présenté.

Dans les deux cas, vous êtes perdant. Apprenez à connaître les cycles d'achat de vos clients et faites la preuve de votre savoir.

6. Comment payent-ils? Quelles sont les habitudes d'achat de vos clients cibles? Il est important de le savoir parce qu'il est peu probable qu'un nouvel entrant puisse modifier ces habitudes. Ainsi, si les clients cibles sont habitués à payer au bout de 60 jours, vous devrez effectuer votre planification financière en posant comme hypothèse qu'une vente faite aujourd'hui vous sera payée dans deux mois. Mieux vaut le planifier tout de suite que de vous retrouver plus tard en manque de liquidités.

7. Où sont-ils situés? Cette question est à double sens : vous pouvez y répondre en traitant de la dispersion géographique de votre clientèle ou des médias qu'elle favorise.

Dans le premier cas, votre réponse à cette question aura à la fois un impact sur vos coûts de livraison et sur vos frais de représentation. Dans le deuxième cas, elle aura une influence directe sur le choix des médias utilisés lors de vos campagnes publicitaires.

Répondez de la façon qui vous mettra le plus en valeur, mais tenez compte de cette information quand viendra le temps de prendre vos autres décisions.

8. Où se procurent-ils présentement le produit ou le service que vous comptez concurrencer? Cette question pourrait être formulée autrement : Quels concurrents devrez-vous déloger pour vous gagner la faveur la clientèle?

Les clients que vous souhaitez conquérir achètent-ils majoritairement chez un concurrent déterminé? Si tel est le cas, vous pouvez vous attendre à une réaction de la part de ce concurrent quand vous partirez à la conquête de ses clients.

Il se peut également, si votre produit ou votre service est novateur, qu'il comble un besoin latent que les clients ne satisfont pas ailleurs actuellement. Si c'est le cas, mentionnez-le. Il vous faut prouver que vous savez dans quoi vous vous lancez.

9. Ont-ils besoin de votre produit ou de votre service? Quelle sera la réaction de vos clients cibles quand ils entreront en contact avec votre offre commerciale? Attendent-ils votre innovation depuis des années ou passera-t-elle comme une offre parmi tant d'autres? Dans le deuxième cas, vos efforts de commercialisation devront être plus intenses.

10. Quelle est la nature de leurs relations avec vos futurs concurrents? Décrivez ici la qualité des relations qu'entretiennent vos futurs clients avec leurs fournisseurs actuels. S'agit-il de liens solides ou ténus? Dans certains cas, les clients potentiels ont des ententes annuelles avec leurs fournisseurs et il est difficile de se faire une place chez eux. Dans d'autres cas, les clients achètent par le biais d'un groupement et, sans agrément de ce groupement, il devient impossible d'obtenir une première commande.

Faites la preuve que vous connaissez bien le marché auquel vous allez vous attaquer et, quand vous aurez terminé de remplir ce tableau, cliquez sur le bouton [Envoyer] pour que l'information soit sauvegardée. Vous serez alors prêt à entreprendre le travail qu'impose le dernier écran de cette section.

Les avantages concurrentiels

À partir du menu principal, cliquez sur [Analyse marketing], puis sur [Avantages concurrentiels]. Vous devrez taper votre mot de passe avant de vous retrouver devant un écran comportant deux sections. La première section vous permettra de comparer votre offre commerciale à celle de vos deux principaux concurrents.

Critère de sélection	Mon offre	Concurrent nᵒ 1	Concurrent nᵒ 2

Commencez par remplir la première colonne en indiquant quels sont les principaux critères d'achat que peuvent utiliser les clients quand vient le temps de choisir un fournisseur. Parce qu'ils changent d'une industrie à l'autre, ces critères n'ont pas été suggérés dans le tableau, mais voici tout de même quelques exemples qui vous aideront dans cette première étape : le prix, la qualité du produit, la vitesse de livraison, la garantie, le service après-vente, la réputation du fournisseur, la lisibilité de la liste de prix, la possibilité d'obtenir des conseils visant à mieux utiliser le produit, l'efficacité du produit, la notoriété du fournisseur, etc.

Indiquez ensuite le nom de vos principaux concurrents. Il s'agit des concurrents auxquels vous avez attribué les plus grandes parts de marché quand vous avez rempli le premier tableau de cette section.

Il vous restera ensuite à noter votre entreprise et vos deux principaux concurrents pour chacun des critères de sélection. Vous pouvez utiliser une échelle graduée (faible, moyen, supérieur) ou décrire plus en détail l'offre commerciale de chacun en regard des critères d'achat.

Quand vous aurez terminé cette première section, analysez la grille que vous venez de remplir pour en faire ressortir vos trois plus grandes forces.

Mes trois plus grandes forces

Comparez ensuite vos résultats à ce que vous avez précédemment défini comme votre avantage concurrentiel. Y a-t-il congruence ou conflit entre ces deux séries de réponses? S'il y a conflit, vous devrez réviser votre stratégie commerciale parce qu'il ne sert à rien de mettre de l'avant une force que tous partagent et qui ne peut vous distinguer.

Quand vous aurez fini de travailler à ce tableau, cliquez sur le bouton [Envoyer] pour sauvegarder l'information et passez au chapitre suivant.

Chapitre 7

Les activités de production

S i, à la lecture de ce titre, vous vous êtes dit que vous pouviez ne pas lire ce chapitre parce que, dans votre esprit, « production » rime avec « produit » et que ce que vous avez à offrir est plutôt un service, détrompez-vous!

Par « activité de production », nous entendons l'ensemble des gestes qui doivent être posés pour satisfaire le client une fois qu'il a signé un contrat. C'est donc dire que cette section s'adresse autant à l'entrepreneur qui vend un service qu'à celui qui met un produit en marché. Nous aurions également pu utiliser *servuction*, un autre terme utilisé pour décrire cette même réalité. Mais puisque les banquiers sont plus à l'aise avec « activités de production », nous nous en sommes tenus à cette expression.

Vous allez être invité, dans cette section, à expliquer comment sera « fabriqué » votre produit ou votre service et quelles étapes vous conféreront un avantage concurrentiel.

À partir du menu principal, cliquez sur [Activités de production]. Vous devrez ensuite taper votre mot de passe avant de voir apparaître un écran contenant 11 questions. Ce sont ces questions qui seront traitées tout au long de ce chapitre.

Les étapes de la production

Supposons qu'un client accepte demain votre proposition d'affaires et signe votre contrat type. Que se passera-t-il ensuite? C'est à cette question que vous devez répondre ici. Dans sa forme la plus simple, vous faites le travail et il vous paye. Mais nous savons que les choses sont rarement simples.

En lisant votre réponse, le lecteur doit apprendre comment vous vous y prendrez pour vous acquitter de vos obligations contractuelles. Il ne suffit pas de convaincre le client de nous faire confiance : il faut ensuite être à la hauteur des promesses faites dans l'espoir d'obtenir cette confiance.

Par exemple, après avoir signé un contrat, le concepteur de sites Web rencontre le client une première fois pour cerner ses attentes, puis il réunit un infographe et un programmeur qui travailleront en duo au projet. Un peu plus tard, le concepteur présentera au client le travail complété et, si des modifications doivent être apportées, il en communiquera la nature à ses partenaires...

Que faites-vous après avoir signé un contrat? Présentez brièvement toutes les étapes et mentionnez tous les acteurs qui seront appelés à intervenir pour que le client soit satisfait. Après avoir lu votre réponse, le lecteur doit mieux comprendre votre entreprise et les implications de chaque contrat.

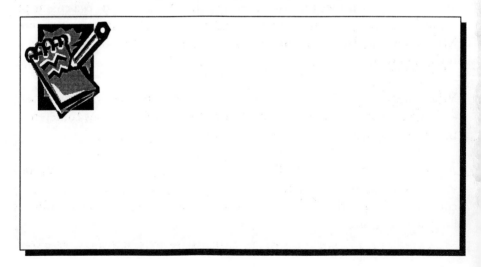

Votre maîtrise de chaque étape

La qualité d'un produit ou d'un service n'est jamais plus grande que le plus faible de ses composants. Y a-t-il un maillon faible dans la chaîne d'actions que vous avez décrite à la question précédente?

Reprenez ici chacune des étapes présentées à la question précédente et traitez sommairement de votre maîtrise de chacune d'elles.

N'embellissez pas la réalité outre mesure. Votre lecteur comprendra très bien que vous ne pouvez pas être un expert en tout. Le contraire pourrait même l'insécuriser. C'est d'ailleurs pourquoi, dans les prochaines questions, nous aborderons les étapes qui seront confiées à des sous-traitants.

Profitez-en pour relever les étapes les plus critiques en regard de la satisfaction des clients. Existera-t-il des goulots d'étranglement dans votre processus de production? Quels sont-ils? Pouvez-vous quantifier votre production maximale au début? Serez-vous en mesure de bien servir tous les nouveaux clients qui se présenteront?

Votre réponse doit communiquer au lecteur le sentiment que vous maîtrisez assez bien le processus de production pour l'adapter aux situations qui se présenteront une fois votre entreprise lancée.

Les travaux en sous-traitance

Ce n'est pas parce que vous êtes travailleur autonome que vous allez néces-sairement travailler en solitaire. En fait, beaucoup de travailleurs autonomes réussissent parce qu'ils ont monté un réseau de travailleurs autonomes et que le travail est distribué en fonction des compétences particulières de chacun.

Loin de réduire le revenu personnel du travailleur autonome, cette façon de faire le multiplie rapidement, et ce, pour plusieurs raisons.

- Chacun faisant le travail dans lequel il est le plus compétent, l'ouvrage est accompli plus efficacement et les chances de satisfaire la clientèle augmentent.

- Globalement, le réseau peut accepter plus de clients et il accélère ainsi la publicité de bouche à oreille.

- La force de la réciprocité opérant, celui à qui vous donnez un bout de contrat aujourd'hui vous retournera l'ascenseur demain. C'est bien pra-tique les premiers temps, quand la clientèle n'est pas encore établie.

- Le lecteur sera ravi de savoir que vous avez trouvé un spécialiste qui se chargera des étapes pour lesquelles vous avez avoué, à la question précé-dente, une moins bonne maîtrise.

- Si l'un de vos sous-traitants a déjà gagné un prix pour un travail bien fait, vous pourrez utiliser cet argument pendant votre présentation de vente. Du coup, la crédibilité de l'organisme qui a décerné le prix fera grimper la vôtre.

Indiquez quelles étapes de votre processus de production seront confiées à des sous-traitants et assurez-vous que cette attribution vienne compenser les faiblesses relevées dans votre réponse à la question précédente.

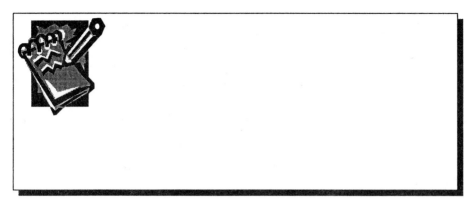

Le processus de sélection des sous-traitants

Le client qui vous confie un mandat veut que le travail soit bien exécuté. C'est une bien pauvre excuse que de dire, après coup, que c'est à cause d'un sous-traitant que le travail n'a pas été à la hauteur des attentes de votre client. Pour cette raison, vous devez vous assurer de bien choisir vos sous-traitants.

Expliquez comment vous le ferez (rencontre préalable, entrevue avec ses clients, contrat « test », évaluation de son travail par un tiers, etc.) au début de votre relation d'affaires et comment vous vous assurerez, par la suite, de la qualité de ses services. Vous ne pouvez courir le risque, surtout dans les premières années d'existence de votre entreprise, de déplaire à vos clients. Si vous souhaitez que votre chiffre d'affaires fasse boule de neige, assurez-vous d'être bien entouré.

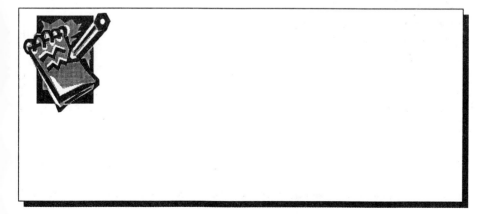

L'équipement dont vous aurez besoin

C'est ici que vous mentionnerez l'équipement dont vous aurez besoin pendant votre première année d'exploitation.

- *L'équipement de production.* C'est l'équipement que vous devez avoir pour être en affaires dans ce secteur d'activité.

- *L'équipement de mise en marché.* C'est l'équipement dont vous aurez besoin pour faire connaître votre offre commerciale. Si vous entendez par exemple produire vous-même vos dépliants ou gérer vous-même vos opérations de publipostage, vous aurez besoin de matériel d'impression et d'une base de données de clients.

- *L'équipement de communication.* Il s'agit de l'équipement dont vous aurez besoin pour communiquer efficacement avec vos sous-traitants. Les clients étant généralement pressés, vous y gagnez chaque fois que la technologie vous permet de réduire votre temps de production.

Mentionnez à la fois le nom de la pièce d'équipement, le moment où vous prévoyez en faire l'acquisition, son utilité et son prix. Les prix mentionnés devront correspondre à ceux que vous inscrirez plus tard dans vos états financiers prévisionnels.

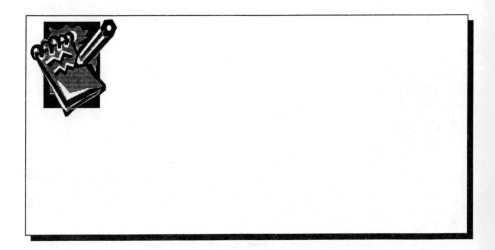

Les technologies utilisées

Le mot « technologie », tel qu'il est utilisé dans cette question, a un sens bien plus large que celui qu'on lui attribue normalement. Nous pourrions également lui substituer l'expression « savoir spécialisé qui n'est pas partagé par tous ». Il regroupera ceci.

- *Une technologie au sens traditionnel du mot.* Mentionnez la technique ou l'équipement permettant de livrer un produit qui saura répondre aux besoins de la clientèle.

- *Les droits d'utilisation d'un brevet.* Si vous détenez une licence vous permettant l'usage, exclusif ou non, d'une technologie particulière sur un territoire géographique donné, mentionnez-le ici.

- *Les droits d'utilisation d'un savoir protégé par droit d'auteur.* Mentionnez également les droits d'usage que vous avez acquis d'un savoir particulier. Les tests psychométriques, notamment, sont à circulation restreinte et exigent un certain agrément avant distribution. Chaque critère de sélection unique aux yeux de vos clients augmente la valeur commerciale de votre offre.

- *Une franchise orientant la gestion des affaires.* Une franchise, c'est le droit d'usage d'une marque de commerce et l'acceptation de se plier à des règles de gestion qui ont fait leurs preuves. Si vous détenez une franchise, indiquez-le également ici.

L'ensemble de votre réponse devrait permettre au lecteur de comprendre que vous savez où vous allez et que vous ne vous êtes pas approprié sans permission des propriétés intellectuelles appartenant à des tiers. Du coup, le projet semblera moins risqué.

N'oubliez pas de traiter de l'usage que vous ferez des technologies de l'information. Dans un monde où les plus productifs obtiennent les contrats, leur utilisation est impérative. Nous vous présentons maintenant quelques outils qu'il vous faut maîtriser.

Le plus important reste le courrier électronique ou courriel. Grâce à lui, vous pouvez échanger des fichiers avec des correspondants de partout dans le monde. Dans un univers où les clients souhaitent avoir la soumission le plus rapidement possible, c'est agréable d'accélérer le transfert des documents en ayant recours au courriel. De plus, cela vous permet d'éviter les frais de courrier ou d'interurbains.

Puisqu'un travailleur autonome est toujours à la fine pointe de son secteur d'activité, tenez-vous au courant de ce qui se passe dans votre domaine en vous abonnant à une liste d'envoi consacrée à vos champs d'intérêts. Vous pouvez sûrement en trouver une : il en existe plus de 91 000! Pour plus d'information à ce sujet, visitez le site www.liszt.com.

Vous pouvez utiliser les groupes de discussion pour demander conseil quand vous faites face à un problème particulièrement épineux. Plusieurs programmeurs, par exemple, postent leurs problèmes sur comp.lang.basic.visual.misc quand ils éprouvent un problème apparemment insoluble. Alors, on ne sait jamais d'où proviendra la réponse : d'un programmeur de Nouvelle-Zélande, d'Allemagne ou de Saint-Hyacinthe?

Le contrôle de la qualité

Pour un travailleur autonome, le contrôle de la qualité a trois visages, trois visages que nous vous présentons maintenant.

- Il faut d'abord s'assurer de la compétence de ceux avec qui on travaille. Vous n'avez pas à traiter cette dimension ici, puisque vous l'avez fait en répondant à une question antérieure.

- Il faut s'assurer de la qualité du travail en cours, au fur et à mesure de sa progression. Il vaut toujours mieux repérer une faille assez tôt dans le processus plutôt que de s'en rendre compte à la fin.

- Il faut s'assurer, après livraison, de la satisfaction du client. Même si, à nos yeux, le produit était de qualité, rien ne dit que l'expérience d'achat n'a pas été entachée du fait que le client avait certaines attentes qui n'ont pas été satisfaites.

Qu'allez-vous faire pour vous assurer de la qualité du travail en cours? Cela devrait faire l'objet du premier paragraphe de votre réponse.

Le deuxième paragraphe devrait traiter des outils (sondage, appel téléphonique, etc.) que vous allez utiliser pour vous assurer de la satisfaction de la clientèle une fois le travail terminé.

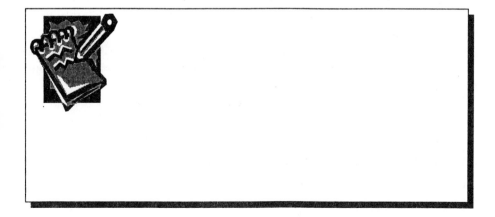

L'analyse de l'environnement

En affaires, une erreur fréquente consiste à croire que les succès passés sont garants des succès futurs. Parce que ses recettes ont été efficaces par le passé, l'entrepreneur ne les remet pas en question et il continue de les utiliser, année après année. Il est en pilotage automatique.

Mais pendant ce temps-là, tout autour de lui, les choses changent. Petit à petit, les trucs qu'il utilisait jadis avec succès perdent de leur efficacité. Un jour, l'entreprise ferme et l'entrepreneur attribue alors l'échec aux clients « qui n'ont pas compris ».

Pour éviter que cette situation se produise dans votre entreprise, vous devez prendre l'habitude de surveiller ce qui se passe autour de votre organisation. Ce n'est pas toujours facile : les premières années surtout, parce que vous faites tout dans l'entreprise, vous n'avez pas vraiment de temps à consacrer à ce qui se passe dans l'environnement. Et pourtant, il est essentiel d'être à l'affût si vous souhaitez voir votre entreprise prospérer et s'adapter aux changements qui surviennent dans son environnement.

Pour résumer les éléments à scruter dans l'environnement, on utilise souvent l'acronyme PESTE, soit l'environnement Politique, Économique, Social, Technologique et Écologique. Voici, en guise d'exemple, quelques questions que vous pourriez vous poser pour chacun de ces environnements.

- *L'environnement politique.* Un projet de loi actuellement à l'étude pourrait-il remettre en question votre projet d'entreprise? Un accord multilatéral vous permettra-t-il prochainement d'accéder à un marché qui vous était jusqu'ici interdit? Une modification législative pourrait-elle vous forcer à retenir de l'impôt à la source sur les chèques de vos sous-traitants? Les nouveaux règlements en vigueur sur l'étiquetage vous forceront-ils à revoir en profondeur vos emballages? En règle générale, ce genre de questions vous fera à la fois découvrir des menaces potentielles et des occasions d'affaires. Prémunissez-vous contre les premières et assurez-vous de pouvoir bénéficier des secondes.

- *L'environnement économique.* Des taux d'intérêt à la baisse favorisent-ils ou nuisent-ils à votre entreprise? Vos ventes grimperont-elles ou plongeront-elles à la prochaine récession? Par exemple, une économie forte crée souvent une raréfaction du personnel compétent.

- *L'environnement social.* Quelles répercussions auront sur votre entreprise une population plus vieille, des emplois plus précaires et des villes plus cosmopolites?

- *L'environnement technologique.* La technologie dont vous vous vantez risque-t-elle de tomber en désuétude dans les prochaines années? Pensons à l'industrie du télégraphe qui a finalement dû être abandonnée en 1992, étant donné l'arrivée à grande échelle des télécopieurs.

- *L'environnement écologique.* Les clients ne souhaitant pas être associés à des entreprises sans conscience sociale, c'est jouer avec le feu que d'afficher un mauvais bulletin sur ce plan. Tenez-vous au courant de ce qui se passe sur la plan écologique, dans votre secteur d'activité.

Ce ne sont là que quelques exemples. Trouvez en quoi chacun de ces environnements peut vous toucher et inscrivez, en guise de réponses, les événements susceptibles de provoquer une révision de vos objectifs. Terminez cette section en indiquant à votre lecteur ce que vous entendez faire pour continuellement scruter votre environnement.

La localisation de vos installations

Contentez-vous ici de dire où seront situées vos installations et en quoi elles consisteront : nombre de pieds carrés, puissance de l'entrée électrique si c'est important dans votre cas, disponibilité d'une ligne Internet rapide dans ce secteur, zonage municipal en vigueur, proximité d'entreprises complémentaires, etc.

Les avantages et les inconvénients de votre localisation

Pourquoi avez-vous choisi ce local et pas un autre? Le choix d'un local résulte habituellement d'un arbitrage entre les coûts et les fonctionnalités. Nombre de travailleurs autonomes choisissent d'installer leur bureau à la maison, ce qui élimine le loyer et les frais de transport. D'autres choisissent un local de prestige dans un immeuble à bureaux parce qu'ils se disent qu'ils paraîtront ainsi plus crédibles aux yeux des clients potentiels.

Quelle que soit la solution retenue, elle présentera immanquablement des avantages et des inconvénients. Cette section vous demande d'en dresser une courte liste. Commencez en indiquant pourquoi vous avez retenu ce local, puis présentez ses inconvénients. Ne présentez pas tout de suite ce que vous entendez faire pour minimiser les inconvénients (une seule ligne téléphonique à votre domicile, par exemple), puisque vous serez invité à le faire à la prochaine question.

Les améliorations locatives à prévoir

Que pouvez-vous faire pour minimiser l'impact des inconvénients que vous avez énumérées à la question précédente? Que devrez-vous faire pour que le local convoité soit fonctionnel? Dressez ici la liste des améliorations locatives à apporter et donnez un aperçu du coût de ces travaux. Vous serez appelé à intégrer ces coûts à votre budget de caisse lors du chapitre consacré à la planification financière. Vous pourrez souvent financer ces dépenses avec un prêt au petites entreprises (PPE).

Pour vous aider à compléter votre réponse, nous vous proposons maintenant quelques suggestions.

- Peinture
- Nouvelles cloisons
- Travaux électriques
- Amélioration du système d'éclairage
- Recouvrement de sol
- Plomberie
- Installation d'une nouvelle ligne téléphonique
- Insonorisation
- Enseigne
- Système de sécurité
- Système de chauffage et de climatisation
- Plafond suspendu

Quand vous aurez terminé votre session de travail dans cet écran, cliquez sur le bouton [Sauvegarder]. Vos renseignements seront alors acheminés au serveur et conservés. Vous pourrez évidemment apporter des corrections lors de votre prochaine visite.

Chapitre 8

Les ressources humaines

L a gestion des ressources humaines peut être définie comme l'ensemble des attitudes et des activités qui vous permettront d'utiliser le caractère unique de chaque individu pour multiplier les forces de votre entreprise et améliorer votre position concurrentielle dans un marché donné.

Dans le cadre de l'emploi autonome, surtout si vous n'avez aucun employé (rappelons-nous qu'un travailleur autonome peut avoir des employés), vous pouvez avoir l'impression que cette section sera inutile. Voici pourtant trois bonnes raisons de vous y attarder un peu.

- Vous avez au moins un employé : vous-même. C'est à vous que revient, en tant que propriétaire d'entreprise, la responsabilité d'assurer la formation de cet employé pour que son rendement soit maximal.

- Au sens large, les membres de votre réseau qui travailleront avec vous font partie intégrante de vos ressources humaines. Après tout, si on se réfère à notre définition, ils peuvent multiplier les forces de votre entreprise et améliorer votre position concurrentielle dans un marché donné.

- Il en va de même des spécialistes (comptable, notaire, avocat, etc.) qui graviteront autour de votre entreprise. Si vous gérez mal vos relations avec eux, leur rendement ira en diminuant.

Bref, que vous soyez seul maître à bord ou que vous vous apprêtiez à embaucher vos premiers employés, vous devez prendre le temps nécessaire pour évaluer comment vous vous acquitterez de vos responsabilités en matière de ressources humaines.

À partir du menu principal, cliquez sur [Ressources humaines]. Vous serez alors invité à taper votre mot de passe et, quand ce sera fait, l'écran de travail apparaîtra. Nous allons maintenant traiter de chaque question, dans leur ordre d'apparition à l'écran.

Vos responsabilités dans l'entreprise

Avez-vous songé à toutes les responsabilités qui seront vôtres dès le lancement de votre entreprise? Profitez de cette question pour prendre conscience de l'ampleur du défi que vous vous apprêtez à relever. Commencez par faire l'inventaire des tâches que vous prévoyez accomplir puis composez deux ou trois paragraphes qui résumeront ce travail.

Nous vous présentons ici, pour vous aider, quelques-uns des titres de fonction que vous porterez peut-être. Ils ne sont pas présentés dans un ordre particulier.

- Teneur de livres
- Réceptionniste
- Préposé à l'expédition
- Conseiller
- Vendeur
- Commis comptable
- Stratège
- Directeur des relations publiques
- Publicitaire
- Responsable des relations avec les gouvernements

- Directeur des publipostages
- Directeur des approvisionnements
- Préposé au service après-vente
- Chargé de projet
- Responsable de la production
- Etc.

Que dites-vous de cet exercice? Vous étiez-vous arrêté à tout cela auparavant? Ne vous inquiétez pas si le défi vous semble important, nous allons maintenant nous assurer que vous serez en mesure de le relever.

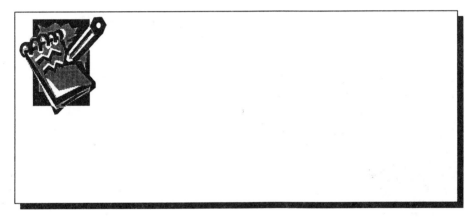

Vos forces et vos faiblesses

Maintenant que vous connaissez les différentes tâches qui vous attendent, prenez une feuille et divisez-la en trois colonnes. Dans la première colonne, recopiez la liste de vos responsabilités dans l'entreprise.

Dans la deuxième colonne, notez vos compétences de 1 (faible) à 10 (excellent) par rapport à chaque responsabilité. Attribuez-vous les notes sans aucune gêne : elles ne seront pas incluses dans votre plan d'affaires.

Dans la troisième colonne, inscrivez OK devant tous les éléments pour lesquels vous vous êtes accordé une note de 8 ou plus. En ce qui concerne les autres éléments, indiquez « Déléguer » si vous pensez être en mesure de déléguer la tâche à une personne en qui vous avez confiance et inscrivez « Formation » si vous êtes disposé à améliorer votre capacité à bien remplir cette responsabilité.

Vous êtes maintenant prêt à présenter vos forces, c'est-à-dire les responsabilités devant lesquelles vous avez écrit OK. N'oubliez pas de tisser des liens entre ces forces, le contenu de votre curriculum vitæ et vos autres réponses du chapitre 4.

Présentez ensuite vos faiblesses. Pour ce faire, utilisez la liste des responsabilités devant lesquelles vous avez écrit « Formation ». Présentez non seulement la faiblesse, mais dites également ce que vous entendez faire pour la surmonter. Quand ce sera fait, votre réponse sera terminée.

Ne traitez pas des responsabilités que vous entendez déléguer. Vous le ferez plus tard. Contentez-vous pour l'instant d'aller biffer ces responsabilités dans votre réponse à la question précédente. Il n'est pas utile, à ce stade, d'afficher trop de faiblesses.

Le nombre d'emplois prévus

Indiquez ici le nombre d'emplois à temps plein et d'emplois à temps partiel que votre entreprise générera si les résultats réels correspondent à vos attentes. Ne vous limitez pas aux emplois que vous créerez mais tenez également compte du travail qu'effectueront vos sous-traitants.

Si vous comptez demander une subvention quelconque, vous avez intérêt à faire des projections de trois ans et à présenter ces prévisions en trois paragraphes, chacun résumant une année d'exploitation. Les subventions sont le plus souvent accordées aux entreprises génératrices d'emplois.

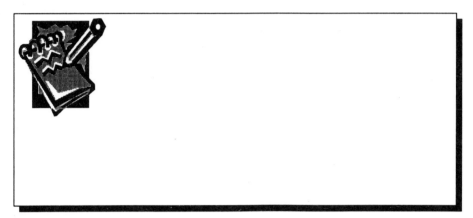

Embauche ou sous-traitance?

Expliquez maintenant pourquoi vous privilégiez l'embauche ou la sous-traitance. Dans les deux cas, votre réponse devrait communiquer le fait que vous privilégiez la productivité. C'est ce que souhaite lire un financier.

Présentez les arguments favorables à l'embauche et les arguments favorables à la sous-traitance. Établissez des liens entre ces arguments et les objectifs de votre entreprise. Faites la preuve que vous optez pour le meilleur choix.

Le profil des candidats recherchés

Que vous embauchiez des employés ou que vous accordiez des contrats à des sous-traitants, il est à prévoir que vous ne confierez pas la satisfaction de votre clientèle au premier venu. Sur quels critères vous baserez-vous pour choisir les personnes à qui vous ferez confiance?

Vous pouvez décrire les candidats recherchés en utilisant ces quatre ensembles de paramètres.

- *Les compétences recherchées.* Quelle formation doit avoir un candidat pour mériter votre intérêt? Il est probable que vous n'aurez pas le temps, du moins au début, de former vos ressources humaines et que vous recruterez des personnes autonomes, capables d'entreprendre immédiatement la tâche pour laquelle vous les avez engagées. Quelles sont les qualifications minimales en deçà desquelles vous n'évaluerez pas plus avant un dossier de candidature?

- *Les habiletés interpersonnelles.* Si votre candidat, qu'il soit un futur employé ou un futur sous-traitant, doit entrer en contact avec vos clients, vous devez vous assurer qu'il possède les habiletés interpersonnelles (écoute, feed-back, empathie, etc.) qui lui permettront d'améliorer la qualité de l'expérience de vos clients. Inutile de vous encombrer de personnes qu'il faut censurer ou tenir en laisse parce que vous redoutez leur façon de s'exprimer ou leur attitude quand elles entrent en contact avec des clients.

- *Les réalisations antérieures.* Si votre propre notoriété est faible dans le secteur d'activité que vous comptez conquérir, vous aurez avantage à vous entourer de personnes qui ont fait leurs preuves et qui ont déjà, à leur compte, des récompenses témoignant de leur bon travail.

- *Le réseau de contacts.* Il n'est jamais mauvais d'attirer des candidats qui jouissent déjà d'un réseau établi et qui sont susceptibles de vous servir des clients potentiels sur un plateau d'argent. Si vous doutez de votre capacité à créer un réseau solide, n'oubliez pas la force de la réciprocité.

Le marché de l'emploi dans votre région

Quelles seront les conséquences, pour votre entreprise, des critères que vous venez de formuler relativement à l'embauche ou à la sélection des sous-traitants? Quelles influences auront ces critères sur vos hypothèses financières?

Si les candidats compétents sont en surnombre, vous pouvez prévoir que les honoraires ou les salaires se situeront dans une échelle normale ou même inférieure à vos prévisions. Si la main-d'œuvre compétente est rare, vous devrez non seulement payer le prix fort, mais vous risquez en plus de voir vos projets de croissance entravés par un manque de ressources humaines. De plus, une rareté de main-d'œuvre vous fait courir le risque que des concurrents vous ravissent vos partenaires et vous obligent, au bout de quelques mois, à reprendre le processus d'embauche.

Notons finalement qu'une utilisation judicieuse des technologies de l'information peut compenser une rareté de main-d'œuvre dans votre région en rendant accessibles à peu de frais des sous-traitants habitant à l'extérieur de votre territoire géographique.

Le choix de votre expert-comptable

Indiquez ici le nom de l'expert-comptable qui sera chargé de préparer vos états financiers et vos déclarations d'impôts. Si vous ne l'avez pas encore choisi, indiquez que vous procéderez par appel d'offres un peu plus tard.

Le choix de votre conseiller juridique

Indiquez ici le nom du conseiller juridique qui sera chargé de votre incorporation (si vous optez pour cette forme juridique) et de la conception de vos contrats. Si vous ne l'avez pas encore choisi, indiquez que vous procéderez par appel d'offres un peu plus tard.

Les autres ressources sur lesquelles vous comptez

Si d'autres personnes sont prêtes à vous apporter conseils et appuis lors du lancement de votre entreprise, nommez-les ici, surtout si elles sont souvent en relation avec l'institution financière que vous pressentez. Si un important client ou un joueur bien en vue dans votre industrie est prêt à vous appuyer, votre plan d'affaires n'en sera que plus intéressant aux yeux de votre lecteur.

Votre comité de gestion

Avez-vous prévu inviter un groupe de personnes à participer, six fois par année, à une analyse de vos résultats et à une évaluation de ce que vous devriez faire au cours des mois qui viennent? Un tel comité peut être d'un grand service pour une entreprise naissante. Il peut féliciter le dirigeant pour ses bons coups et lui présenter des voies d'amélioration pour l'avenir.

Si vous avez décidé de mettre sur pied un comité de gestion et que vous avez déjà trouvé ses membres, mentionnez leurs noms ici ainsi que les responsabilités du groupe et la fréquence des réunions.

Quand vous aurez terminé votre session de travail dans cet écran, cliquez sur le bouton [Sauvegarder]. Vos renseignements seront alors acheminés au serveur et conservés. Vous pourrez leur apporter des corrections lors de votre prochaine visite.

Chapitre 9

Les facteurs de crédibilité

Les renseignements qui vous seront demandés dans ce chapitre ne sont pas vraiment essentiels à la rédaction de votre plan d'affaires. En fait, mis à part la première question, les autres servent plutôt les objectifs stratégiques suivants.

- En démontrant que vous avez défini les exigences des différents paliers gouvernementaux, vous prouvez une nouvelle fois que votre projet a été réfléchi et que vous n'avez rien laissé au hasard.

- En présentant la preuve que vous avez déjà communiqué avec des clients ou des fournisseurs et que vos estimations ne sont pas simplement basées sur des suppositions farfelues, vous démontrez que votre projet mérite l'attention.

- En annexant à votre plan d'affaires tous les documents susceptibles d'ajouter de la crédibilité à votre projet, vous donnez à votre plan d'affaires une texture contrastante qui le différencie des projets non fondés, susceptibles d'être abandonnés à la première difficulté.

À partir du menu principal, cliquez sur [Facteurs de crédibilité], puis tapez votre mot de passe. Vous vous retrouverez face à un écran de travail où huit questions vous attendent.

La forme juridique de votre entreprise

Notre objectif, dans cette section, n'est pas de vous convaincre de choisir une forme juridique plutôt qu'une autre. En fait, cette question est complexe et devrait être discutée avec votre expert-comptable ou votre conseiller juridique, en fonction de vos objectifs futurs et des marchés que vous comptez conquérir. Nous nous contenterons plutôt de vous présenter les deux formes juridiques les plus utilisées par les travailleurs autonomes.

L'entreprise individuelle est la plus simple à mettre sur pied et la moins réglementée. Elle ne nécessite même pas d'enregistrement si votre nom et votre prénom figurent dans le nom de l'entreprise. Ainsi, si l'entreprise d'Anne Sauvageau s'appelle « Société-conseil Anne Sauvageau », aucun enregistrement n'est obligatoire, mais Anne devrait déposer une demande d'immatriculation si elle choisissait d'appeler son entreprise « Société-conseil Sauvageau » ou « Société-conseil AS ».

Aux fins fiscales, l'entreprise individuelle est indissociable de l'entrepreneur. C'est donc dire que les revenus de l'un et de l'autre sont cumulés en fin d'année et que l'impôt est payable sur le montant total. L'entreprise individuelle ne remplit pas de déclarations d'impôts et son propriétaire est personnellement responsable de tous ses engagements financiers.

Cette particularité peut être intéressante si on prévoit des pertes pendant les premières années et que le travailleur autonome continue à entretenir un lien d'emploi avec une entreprise. À ce moment, il pourra déduire les pertes de ses revenus d'emploi, réduisant ainsi ses impôts à payer et lui permettant de réinvestir cet argent dans l'entreprise.

La création d'une *société par actions*, souvent appelée compagnie ou corporation, implique la création d'une entité distincte de son propriétaire. Aux fins de la loi, la compagnie est dissociée de son propriétaire et constitue une personne à part, une « personne morale ».

C'est une forme juridique plus coûteuse à mettre sur pied et plus compliquée à gérer (obligation de rédiger des procès-verbaux, tenue d'un registre des procès-verbaux, tenue d'une assemblée annuelle, etc.), mais elle comporte plusieurs avantages.

Le taux d'imposition d'une société par actions est inférieur à celui d'une personne. Si vous prévoyez d'importants bénéfices, ce choix peut être avantageux.

La responsabilité financière de l'entrepreneur est limitée à sa mise de fonds. Cela veut dire que l'entreprise peut faire faillite sans nécessairement entraîner la faillite de son propriétaire. Remarquez que cet avantage disparaît si le propriétaire s'est porté garant des dettes de son entreprise.

Pour le travailleur autonome, cette formule favorise une gestion plus rigoureuse des finances de l'entreprise en diminuant la confusion entre les dépenses de l'entreprise et celles de son propriétaire.

Indiquez quelle forme juridique vous avez choisie, les raisons de votre choix et les démarches entreprises jusqu'ici.

Les exigences de votre municipalité

Inscrivez ici les exigences de votre municipalité auxquelles vous devrez vous conformer. Cette réponse prouve à la fois que vous vous êtes renseigné et que vous ne serez pas pris au dépourvu quand vous prendrez connaissance de la réglementation. En ce qui concerne les exigences municipales, trois éléments devraient retenir plus particulièrement votre attention.

- *Le zonage.* Étonnamment, il existe encore des entrepreneurs qui signent des baux sans s'être renseignés sur l'usage qu'ils auraient le droit de faire du local loué. Si vos activités sont interdites dans la zone et que vous avez signé un bail, vous devrez payer votre loyer sans pouvoir lancer votre entreprise. Renseignez-vous!

- *Le coût des services.* Qu'en coûte-t-il pour être en affaires dans votre municipalité? À combien s'élève la taxe professionnelle? La collecte des déchets?

- *Les permis.* Il est fort possible que des permis soient obligatoires pour ouvrir votre entreprise ou apporter les améliorations locatives prévues.

- *Les coûts à prévoir.* Calculez combien il vous en coûtera si vous demandez un changement de zonage ou si vous prévoyez l'obtention d'un permis.

Rendez-vous à l'hôtel de ville et posez des questions sur ces sujets. Ce processus vous évitera de mauvaises surprises et vous permettra de faire une meilleure planification financière.

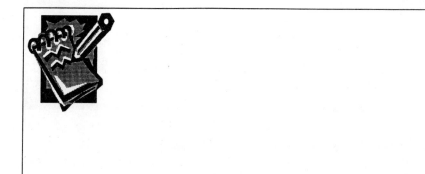

Les exigences du gouvernement provincial

Si vous trouvez que votre municipalité est exigeante, attendez de voir ce qui vous attend au palier provincial! Parmi les nombreuses exigences, vous retrouverez les suivantes.

- *Vous pouvez avoir besoin d'un numéro d'employeur.* Ce numéro est obligatoire si vous prévoyez embaucher un ou des employés. Il vous permettra d'effectuer les retenues (impôts à la source, Régime des rentes du Québec, Régie de l'assurance-maladie) sur les salaires de vos employés et de faire parvenir au gouvernement votre propre contribution aux avantages sociaux.

- *Vous pourriez être obligé de vous inscrire à la CSST.* Ce n'est pas obligatoire si vous n'avez pas d'employés, mais un travailleur autonome peut s'inscrire personnellement, s'il le souhaite.

- Si vous avez choisi la société par actions, vous devez déposer une *déclaration d'immatriculation* chez l'Inspecteur général des institutions financières.

- Selon votre secteur d'activité, vous pouvez être obligé d'obtenir un *permis*. Par exemple, la vente d'alcool requiert un permis de la Régie des alcools, des courses et des jeux.

- Le Code des professions réglemente également, à l'échelle provinciale, l'utilisation de certains titres professionnels et l'utilisation de la publicité. Par exemple, un dentiste ne peut pas, dans ses publicités, reproduire les commentaires d'un client satisfait. C'est interdit.

- Vous devez finalement déterminer si vous devrez percevoir la taxe de vente du Québec (TVQ) et la taxe sur les produits et services (TPS). Vous n'avez pas à le faire si vos revenus prévisibles sont inférieurs à 30 000 $ mais, même dans ce cas, cela pourrait être rentable pour vous, car vous pourriez exiger le remboursement de la taxe de vente payée sur tout achat effectué dans le but de créer un revenu.

Nous vous suggérons, avant de répondre à cette question, de communiquer Revenu Québec et de demander l'excellent guide *Dois-je m'inscrire?*

Les exigences du gouvernement fédéral

Si vous demandez un numéro d'employeur pour satisfaire aux exigences du gouvernement provincial, vous devrez faire la même chose pour le fédéral. Ce numéro vous permettra d'effectuer les retenues à la source relatives à l'impôt fédéral et à l'assurance-emploi.

Selon votre secteur d'activité, vous pourriez également devoir vous soumettre aux diverses réglementations sur l'étiquetage. Et vos obligations à l'égard du gouvernement fédéral ne s'arrêtent pas là. Vous devez également tenir compte de l'impôt fédéral sur le revenu des sociétés et de l'impôt sur les gains en capital.

Répondez à cette question en énumérant les exigences auxquelles vous devez vous soumettre et les démarches que vous avez déjà effectuées. Rappelez ici à votre lecteur que vous avez tenu compte des exigences des paliers municipal, provincial et fédéral dans votre planification financière.

Les fournisseurs sélectionnés à ce jour

Profitez de cette question pour présenter les démarches que vous avez, à ce jour, effectuées auprès de fournisseurs potentiels. Ces détails sont importants pour votre lecteur parce qu'ils lui prouvent que les coûts que vous avancez dans votre planification financière sont bel et bien des coûts réels qui n'ont pas été grossièrement estimés pour présenter de beaux états financiers. Vous ajoutez, une fois de plus, de la crédibilité à votre plan d'affaires.

Et ne vous en tenez pas à ceux qui seront vos fournisseurs habituels! Si vous prévoyez confier à un entrepreneur les améliorations locatives à apporter à votre local, mentionnez qu'une rencontre a déjà eu lieu et que vous annexez au plan d'affaires l'estimation correspondant aux chiffres mentionnés dans vos états financiers prévisionnels.

Les clients pressentis à ce jour

La longueur de votre réponse à cette question devrait être considérable. Voici enfin venue l'occasion de prouver tout ce que vous avez affirmé jusqu'ici concernant la réception que feront les clients de votre offre commerciale, telle que vous l'avez présentée dans votre plan d'affaires.

Vous augmenterez la crédibilité de votre plan d'affaires si, à cette étape, vous traitez des éléments qui suivent.

- Si vous avez à ce jour rencontré des clients potentiels et qu'ils ont mentionné leur intérêt pour votre offre commerciale, nommez-les ici et annoncez, si possible, que vous avez annexé au plan d'affaires les lettres d'intention qui les concernent.

- Si vous avez effectué un sondage de satisfaction qui vient confirmer la perception que vous avez de vos futurs concurrents, indiquez-le ici et mentionnez que les résultats et la méthodologie de ce sondage seront annexés à votre plan d'affaires. De cette façon, vous confirmez que votre perception des concurrents n'est pas uniquement personnelle.

- Si vous avez animé un groupe de discussion où des clients de vos concurrents étaient invités à présenter et à ordonner leurs critères d'achat quand arrive le temps de se procurer un produit ou un service semblable au vôtre, et que les résultats de ce groupe de discussion confirment vos hypothèses, mentionnez-le également ici. Encore une fois, si possible, annexez le compte rendu de l'expérience.

- Si vous prévoyez être associé à un groupement qui possède déjà un nombre donné de clients fidèles, mentionnez-le également.

Vous devez présenter tous les éléments d'information susceptibles de renforcer le sentiment que vos hypothèses regardant le marché sont fondées et que votre offre commerciale, telle que vous l'avez formulée, comblera les attentes actuelles des clients. Bref, démontrez que le marché vous attend.

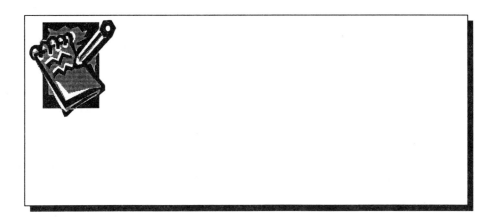

Votre association sectorielle

Existe-t-il une association sectorielle dans votre secteur d'activité? Quels services offre-t-elle? Êtes-vous déjà membre? Quelle influence ce *membership* aura-t-il sur la performance de votre entreprise? Votre réponse devrait idéalement avancer les avantages suivants :

- Accès à des données statistiques récentes
- Traitement préférentiel auprès des fournisseurs
- Formation adaptée tout au long de l'année
- Visibilité grâce au répertoire des membres
- Bulletin trimestriel sur les tendances dans votre industrie
- Ristournes annuelles des fournisseurs les plus importants
- Avantages divers (réductions sur les communications téléphoniques, les chambres d'hôtel, les primes d'assurance, etc.)

Les annexes

Afin d'alléger votre texte, il vaut mieux inclure tous les documents susceptibles d'appuyer vos dires dans les annexes plutôt que de les intégrer au texte proprement dit de votre plan d'affaires. Vous accélérez ainsi la lecture de votre plan d'affaires et bon nombre de lecteurs se déclareront satisfaits si vous avez simplement mentionné, tout au long du texte, les annexes qui pouvaient confirmer vos hypothèses.

Voici quelques-uns des documents que vous pourriez placer dans en annexe :

- Votre bail
- La lettre d'intention d'un client potentiel
- Une lettre d'acceptation de votre association sectorielle
- L'estimation de vos améliorations locatives produite par un entrepreneur
- L'estimation d'un fournisseur
- Les statuts juridiques de votre entreprise

Quand vous aurez terminé votre session de travail dans cet écran, cliquez sur le bouton [Sauvegarder]. Vos renseignements seront alors acheminés au serveur et conservés. Vous pourrez leur apporter des corrections lors de votre prochaine visite.

Chapitre 10

La planification financière

Pour le nouvel entrepreneur, la planification financière de son projet est souvent une expérience stressante qui se terminera inévitablement par un échec. Et pourquoi cela? Simplement parce que l'entrepreneur qui lance une entreprise de consultation en qualité totale n'a pas nécessairement envie de suivre un cours de comptabilité, cours qui est pourtant nécessaire quand on désire présenter des états financiers prévisionnels qui passeront le difficile test que lui fera soumettre une personne à l'aise avec les états financiers.

Mais rassurez-vous et laissez immédiatement diminuer le stress ressenti à l'orée de ce dixième chapitre. Vous n'aurez pas à suivre un cours de comptabilité pour remplir cette section de votre plan d'affaires; le logiciel en ligne a été conçu pour s'occuper des liens entre chacun des états financiers et, quelles que soient vos hypothèses, vos états financiers balanceront toujours.

À partir du menu principal, cliquez sur [Planification financière]. Vous vous retrouverez face au menu de planification financière. Vous pouvez entreprendre ces étapes dans l'ordre que vous souhaitez, mais nous vous suggérons de les faire l'une après l'autre, dans l'ordre où nous vous les présentons maintenant.

Planification financière

Voici vos 10 choix :

Hypothèses financières
Budget de caisse de l'an 1
Budget de caisse de l'an 2
État des résultats
Bilan
Amortissement
Seuil de rentabilité
Budget de publicité
Besoins et sources de fonds
Ratios financiers

Menu principal - Courriel - Impression - Questions ou commentaires
Avis au professeur - Avis à une institution financière

Les hypothèses financières

Cliquez sur [Hypothèses financières] et tapez votre mot de passe quand on vous le demandera. Vous vous retrouverez alors devant l'écran des hypothèses financières. Cet écran, qui implique peu de planification en apparence, sera à la base de tous les autres états financiers. Nous vous y demandons de déterminer trois séries de données financières.

La première série a trait à vos achats. Comment devrez-vous payer les achats effectués auprès de vos fournisseurs? Cela variera selon les secteurs d'activité. Dans certaines industries, les clients peuvent prendre jusqu'à 120 jours pour payer tandis que dans d'autres, il leur faut payer comptant. Indiquez dans quelle proportion, en moyenne, vous devrez payer comptant, entre 0 et 30 jours, entre 31 et 60 jours, entre 61 et 90 jours ou après 90 jours. Indiquez vos réponses en cents, à l'aide du point décimal (et non la virgule), et assurez-vous que la somme de vos réponses donne 1 $.

Pour chaque dollar d'achat, quel montant devrez-vous payer...	
comptant?	$
entre 0 et 30 jours?	$
entre 31 et 60 jours?	$
entre 61 et 90 jours?	$
après 90 jours?	$

La deuxième section de ce tableau a trait à vos ventes. Tout comme vous l'avez fait pour vos achats, vous devez prévoir dans quelle proportion les clients vous paieront comptant, entre 0 et 30 jours, entre 31 et 60 jours, entre 61 et 90 jours ou après 90 jours.

Rappelez-vous que plus un compte client est vieux, moins il a de valeur aux yeux d'un financier. De surcroît, plus vos clients tardent à payer, plus vous aurez besoin de financement temporaire (marge de crédit ou d'exploitation, par exemple) en attendant d'être payé. Vous devriez tenir compte de ces frais de financement temporaire dans votre structure de prix.

Pour chaque dollar de vente, quel montant encaisserez-vous...	
comptant?	$
entre 0 et 30 jours?	$
entre 31 et 60 jours?	$
entre 61 et 90 jours?	$
après 90 jours?	$

La troisième section de l'écran des hypothèses financières a trait à vos emprunts. Il est important de bien remplir cette section parce que c'est sur elle que le logiciel se basera pour établir tous vos coûts de financement, vos paiements mensuels et le coût de votre marge de crédit, mois après mois.

Commencez par indiquer quel taux d'intérêt vous prévoyez payer pour votre marge de crédit, vos emprunts à court terme et vos emprunts à long terme. Une visite à un établissement financier serait de mise à ce stade, question d'insérer ici des taux qui s'apparentent le plus possible à la réalité.

Mentionnez ensuite sur combien de mois vous échelonnerez le remboursement de vos emprunts à court et à long terme. Si vous vous rendez compte par la suite que vos paiements mensuels sont trop élevés, vous pourrez revenir dans cette section et choisir des échéances plus longues.

Le logiciel ne vous permet pas de choisir des termes différents (36 et 48 mois, par exemple) pour deux emprunts à long terme.

Quel pourcentage prévoyez-vous payer pour financer...	
votre marge de crédit?	%
vos emprunts à court terme?	%
vos emprunts à long terme?	%
Sur combien de mois prévoyez-vous financer...	
vos emprunts à court terme?	mois
vos emprunts à long terme?	mois

Quand vous aurez terminé, cliquez sur [Envoyer] et vos données seront mises à jour. Si vous ne souhaitez pas procéder à une mise à jour, cliquez plutôt sur [Restaurer]. Le tableau retrouvera alors les données initiales.

Votre budget de publicité

À partir du menu de planification financière, cliquez sur [Budget de publicité]. Après avoir entré votre mot de passe, vous vous retrouverez devant un chiffrier représentant vos 12 premiers mois en affaires.

Commencez pas indiquer, dans la première colonne, le nom des diverses activités publicitaires que vous entendez faire dans l'année. Le tableau de la page suivante est à ce titre incomplet puisque, faute d'espace, il ne présente pas les 29 lignes à votre disposition dans l'écran réel.

Si vous pensez que nous avons prévu trop de lignes, imaginez tout ce que vous pouvez insérer dans ce chiffrier : cartes professionnelles, publicité radio, publicité dans les journaux, publicité télé, bannières dans des sites Web, panneau d'affichage, conférences de presse, publicité dans les pages jaunes, commandites diverses, publicité dans des magazines, publipostage, encart publicitaire, salons et expositions, contribution financière au congrès annuel d'un groupement d'achat, coût exigé pour que vous puissiez donner une conférence « gratuite » lors d'un congrès, etc.

Dans les autres colonnes, indiquez les sommes que vous prévoyez accorder à chaque activité, de mois en mois, pendant la première année d'existence de votre entreprise. Le total de ces dépenses, comparé à votre chiffre d'affaires prévisionnel, devrait correspondre à ce que vous avez prévu dans la section marketing de votre plan d'affaires.

Vous n'avez pas à calculer la dernière ligne. Cette ligne, qui représente le total des dépenses publicitaires mensuelles, sera automatiquement mise à jour quand vous cliquerez sur le bouton [Envoyer]. Au même moment d'ailleurs, chaque total mensuel sera à la fois intégré dans votre budget de caisse et dans votre état des résultats. Vous n'aurez pas à traiter ces montants une autre fois.

C'est là l'avantage d'un outil informatisé.

Activités	Mois 1	Mois 2	Mois 3	Mois 4	Mois 5	Mois 6	Mois 7	Mois 8	Mois 9	Mois 10	Mois 11	Mois 12
Total	Auto	Auto	Auto	Auto	Auto	Auto	Auto	Auto	Auto	Auto	Auto	Auto

Le budget de caisse de l'an 1

Ce premier budget de caisse vous aide à prévoir les sorties de fonds et les entrées de fonds qui viendront modifier votre encaisse pendant les 12 premiers mois d'existence de votre entreprise.

Il est constitué de deux parties : les encaissements, ou entrées de fonds, et les décaissements, ou sorties de fonds. La première section est reproduite dans les pages suivantes.

La deuxième ligne présente votre encaisse au début de chaque mois. Ce calcul est automatique et vous n'avez rien à remplir ici. Votre travail commence vraiment à la ligne 4.

Indiquez-y les ventes que vous prévoyez réaliser pour chacun des mois, puis cliquez sur le bouton [Envoyer]. Le logiciel ira consulter vos hypothèses financières et remplira automatiquement les lignes 5 à 9. Ce sont ces dernières lignes, et non vos ventes prévues, qui serviront à calculer les encaissements générés par les ventes de mois en mois.

Indiquez à la ligne 10 les revenus divers que vous comptez encaisser de mois en mois. Ces revenus ne sont pas directement reliés à la raison d'être de votre entreprise.

Aux lignes 11 et 12, indiquez les prêts auxquels vous aurez recours à chaque mois. Ainsi, si vous prévoyez que votre mobilier de bureau sera livré au premier mois, et que vous aurez besoin d'un prêt à long terme de 5 000 $ pour le payer, indiquez 5 000 $ à la ligne 12 du premier mois. Vos mensualités seront calculées à partir des renseignements que vous avez inscrits à l'écran des hypothèses financières.

Si vous prévoyez avoir recours à un financement privé en contrepartie duquel vous signerez un billet, indiquez-le à la ligne 13.

Utilisez ensuite les lignes 14 à 18 pour présenter les montants qui proviendront respectivement, chaque mois, de votre marge de crédit, de vos fonds propres, de l'émission d'actions, de subventions ou d'autres sources.

1.	Mois 1	Mois 2	Mois 3	Mois 4	Mois 5
2. Encaisse au début	0.00 $	*Auto*	*Auto*	*Auto*	*Auto*
3. Encaissements					
4. Ventes	$	$	$	$	$
Comptant	*Auto*	*Auto*	*Auto*	*Auto*	*Auto*
0-30 jours	*Auto*	*Auto*	*Auto*	*Auto*	*Auto*
31-60 jours	*Auto*	*Auto*	*Auto*	*Auto*	*Auto*
61-90 jours	*Auto*	*Auto*	*Auto*	*Auto*	*Auto*
90 jours et plus	*Auto*	*Auto*	*Auto*	*Auto*	*Auto*
10. Revenus divers	$	$	$	$	$
11. Emprunts à court terme	$	$	$	$	$
12. Emprunts à long terme	$	$	$	$	$
13. Billet à payer	$	$	$	$	$
14. Marge de crédit	$	$	$	$	$
15. Mise de fonds	$	$	$	$	$
16. Émission d'actions	$	$	$	$	$
17. Subventions	$	$	$	$	$
18. Autres encaissements	$	$	$	$	$
19. Total des encaissements	*Auto*	*Auto*	*Auto*	*Auto*	*Auto*

La ligne 19, quant à elle, sera mise à jour automatiquement quand vous cliquerez sur le bouton [Envoyer].

La seconde partie du budget de caisse a trait aux décaissements. Vous trouverez les champs à remplir à la page 136. Commencez par remplir les lignes 21 à 26 en indiquant à quels mois seront faits les investissements relatifs aux terrains, aux bâtiments, à l'équipement de bureau, à l'équipement et aux

Mois 6	Mois 7	Mois 8	Mois 9	Mois 10	Mois 11	Mois 12
Auto	*Auto*	*Auto*	*Auto*	*Auto*	*Auto*	*Auto*
$	$	$	$	$	$	$
Auto	*Auto*	*Auto*	*Auto*	*Auto*	*Auto*	*Auto*
Auto	*Auto*	*Auto*	*Auto*	*Auto*	*Auto*	*Auto*
Auto	*Auto*	*Auto*	*Auto*	*Auto*	*Auto*	*Auto*
Auto	*Auto*	*Auto*	*Auto*	*Auto*	*Auto*	*Auto*
Auto	*Auto*	*Auto*	*Auto*	*Auto*	*Auto*	*Auto*
$	$	$	$	$	$	$
$	$	$	$	$	$	$
$	$	$	$	$	$	$
$	$	$	$	$	$	$
$	$	$	$	$	$	$
$	$	$	$	$	$	$
$	$	$	$	$	$	$
$	$	$	$	$	$	$
$	$	$	$	$	$	$
Auto	*Auto*	*Auto*	*Auto*	*Auto*	*Auto*	*Auto*

améliorations locatives. Ces sommes devraient plus ou moins correspondre aux mises de fonds et aux prêts prévus pour les mois en question.

Indiquez ensuite, à la ligne 27, au mois 1, quel sera votre inventaire de départ. Si vous vendez un service plutôt qu'un produit, laissez cette cellule à 0,00 $.

20. Décaissements	Mois 1	Mois 2	Mois 3	Mois 4	Mois 5
21. Terrain	$	$	$	$	$
22. Bâtiments	$	$	$	$	$
23. Équipement de bureau	$	$	$	$	$
24. Équipement et outils	$	$	$	$	$
25. Matériel roulant	$	$	$	$	$
26. Améliorations locatives	$	$	$	$	$
27. Inventaire de départ	$	$	$	$	$
28. Achats	$	$	$	$	$
Comptant	Auto	Auto	Auto	Auto	Auto
0-30 jours	Auto	Auto	Auto	Auto	Auto
31-60 jours	Auto	Auto	Auto	Auto	Auto
61-90 jours	Auto	Auto	Auto	Auto	Auto
90 jours et plus	Auto	Auto	Auto	Auto	Auto
34. Crédit-bail	$	$	$	$	$
35. Salaires	$	$	$	$	$
36. Avantages sociaux	$	$	$	$	$
37. Loyer	$	$	$	$	$
38. Électricité et chauffage	$	$	$	$	$
39. Taxes et permis	$	$	$	$	$
40. Assurances	$	$	$	$	$
41. Téléphone	$	$	$	$	$
42. Entretien et réparation	$	$	$	$	$
43. Dépenses de véhicule	$	$	$	$	$

Mois 6	Mois 7	Mois 8	Mois 9	Mois 10	Mois 11	Mois 12
$	$	$	$	$	$	$
$	$	$	$	$	$	$
$	$	$	$	$	$	$
$	$	$	$	$	$	$
$	$	$	$	$	$	$
$	$	$	$	$	$	$
$	$	$	$	$	$	$
$	$	$	$	$	$	$
Auto	*Auto*	*Auto*	*Auto*	*Auto*	*Auto*	*Auto*
Auto	*Auto*	*Auto*	*Auto*	*Auto*	*Auto*	*Auto*
Auto	*Auto*	*Auto*	*Auto*	*Auto*	*Auto*	*Auto*
Auto	*Auto*	*Auto*	*Auto*	*Auto*	*Auto*	*Auto*
Auto	*Auto*	*Auto*	*Auto*	*Auto*	*Auto*	*Auto*
$	$	$	$	$	$	$
$	$	$	$	$	$	$
$	$	$	$	$	$	$
$	$	$	$	$	$	$
$	$	$	$	$	$	$
$	$	$	$	$	$	$
$	$	$	$	$	$	$
$	$	$	$	$	$	$
$	$	$	$	$	$	$
$	$	$	$	$	$	$

Un plan d'affaires pour le travailleur autonome

	Mois 1	Mois 2	Mois 3	Mois 4	Mois 5
44. Frais de représentation	$	$	$	$	$
45. Publicité et promotion	*Auto*	*Auto*	*Auto*	*Auto*	*Auto*
46. Fournitures de bureau	$	$	$	$	$
47. Honoraires	$	$	$	$	$
48. Abonnements/cotis.	$	$	$	$	$
49. Fournitures d'atelier	$	$	$	$	$
50. Frais de formation	$	$	$	$	$
51. Frais juridiques	$	$	$	$	$
52. Prélèvements	$	$	$	$	$
53. Impôts à payer	$	$	$	$	$
54. Divers	$	$	$	$	$
55. Frais bancaires	$	$	$	$	$
56. Intérêts sur prêts à C.T.	*Auto*	*Auto*	*Auto*	*Auto*	*Auto*
57. Capital sur prêts à C.T.	*Auto*	*Auto*	*Auto*	*Auto*	*Auto*
58. Intérêts sur prêts à C.T.	*Auto*	*Auto*	*Auto*	*Auto*	*Auto*
59. Capital sur prêts à C.T.	*Auto*	*Auto*	*Auto*	*Auto*	*Auto*
60. Intérêt/marge de crédit	*Auto*	*Auto*	*Auto*	*Auto*	*Auto*
61. Capital/marge de crédit	$	$	$	$	$
62. Retraits personnels	$	$	$	$	$
63. Total des décaissements	*Auto*	*Auto*	*Auto*	*Auto*	*Auto*
64. Encaisse à la fin	*Auto*	*Auto*	*Auto*	*Auto*	*Auto*

Un plan d'affaires pour le travailleur autonome

Mois 6	Mois 7	Mois 8	Mois 9	Mois 10	Mois 11	Mois 12
$	$	$	$	$	$	$
Auto	*Auto*	*Auto*	*Auto*	*Auto*	*Auto*	*Auto*
$	$	$	$	$	$	$
$	$	$	$	$	$	$
$	$	$	$	$	$	$
$	$	$	$	$	$	$
$	$	$	$	$	$	$
$	$	$	$	$	$	$
$	$	$	$	$	$	$
$	$	$	$	$	$	$
$	$	$	$	$	$	$
$	$	$	$	$	$	$
Auto	*Auto*	*Auto*	*Auto*	*Auto*	*Auto*	*Auto*
Auto	*Auto*	*Auto*	*Auto*	*Auto*	*Auto*	*Auto*
Auto	*Auto*	*Auto*	*Auto*	*Auto*	*Auto*	*Auto*
Auto	*Auto*	*Auto*	*Auto*	*Auto*	*Auto*	*Auto*
Auto	*Auto*	*Auto*	*Auto*	*Auto*	*Auto*	*Auto*
$	$	$	$	$	$	$
$	$	$	$	$	$	$
Auto	*Auto*	*Auto*	*Auto*	*Auto*	*Auto*	*Auto*
Auto	*Auto*	*Auto*	*Auto*	*Auto*	*Auto*	*Auto*

Puis, indiquez à la ligne 28, mois par mois, quels seront vos achats auprès de vos fournisseurs. Ces montants seront ventilés automatiquement en fonction de la politique de paiement des fournisseurs que vous avez inscrite dans l'écran des hypothèses financières. Pour obtenir une mise à jour immédiate, cliquez sur [Envoyer] et revenez à l'écran.

Dans les lignes 34 à 44, indiquez les prévisions mensuelles de dépenses pour le crédit-bail, les salaires, les avantages sociaux, le loyer, l'électricité et le chauffage, les taxes et les permis, les assurances, le téléphone, l'entretien et les réparations, les dépenses de véhicules et les frais de représentation.

Vous n'avez pas à entrer de données à la ligne 45. Les dépenses publicitaires seront tirées du budget de publicité que vous avez déjà établi quand vous avez rempli le tableau de la page 132.

Utilisez les lignes 46 à 51 pour indiquer, mois par mois, quelles sommes seront dépensées en fournitures de bureau, en honoraires, en abonnements ou cotisations, en fournitures d'atelier, en frais de formation ou en frais juridiques.

Si vous ne vous versez pas de salaire, il faudra tout de même que vous mangiez. Si vous prévoyez effectuer des prélèvements mensuels dans le compte de votre entreprise, inscrivez-les à la ligne 52.

La ligne 53 mérite une attention particulière. C'est ici que vous inscrirez les impôts que vous verserez sous forme d'acomptes provisionnels. Le logiciel présume que vous savez compter et que les sommes inscrites ici correspondront à l'impôt total à payer inscrit à l'état des résultats. Nous vous suggérons, si vous prévoyez par exemple payer 1 200 $ d'impôt à l'an 1, de verser des acomptes provisionnels de 300 $ par trimestre. Votre comptable pourra vous conseiller à ce sujet.

Les lignes 54 et 55 vous permettent d'inscrire les dépenses diverses que vous devrez supporter et les frais bancaires qui ne manqueront pas d'être portés à votre compte, tous les mois.

Le calcul des cinq lignes suivantes est fait automatiquement. Ces lignes ont trait aux décaissements mensuels occasionnés par vos emprunts. Les coûts en intérêt influent sur votre état des résultats, tandis que les remboursements en capital influent sur votre bilan prévisionnel. La ligne 61 vous permet quant à elle d'indiquer les remboursements que vous ferez à votre marge de crédit.

Si vous prévoyez avoir besoin d'argent à un moment ou l'autre et effectuer un retrait à même le fonds de roulement de l'entreprise, inscrivez-en le montant à la ligne 62. Le calcul des deux dernières lignes, finalement, est fait automatiquement chaque fois que vous cliquez sur le bouton [Envoyer]. Si vous souhaitez à un moment ou l'autre ramener l'écran dans l'état où il était avant que vous commenciez, cliquez plutôt sur [*Cliquez ici pour retourner au menu précédent sans apporter de modification*].

Le budget de caisse est l'état financier le plus important parce que son contenu sera communiqué à l'ensemble des autres écrans. Quand vous aurez terminé votre budget de caisse de l'an 1, cliquez sur le bouton [Envoyer] pour que l'information soit traitée et sauvegardée. Si, à ce moment, vous cliquez sur [Budget de caisse de l'an 2] et que vous tapez votre mot de passe quand on vous le demandera, vous serez en mesure de travailler à cet autre écran.

Le budget de caisse de l'an 2

Le budget de caisse de l'an 2 est pratiquement identique à celui de l'an 1. Quand l'écran apparaîtra, vous remarquerez que l'encaisse de départ correspond à l'encaisse à la fin de l'an 1. Nous avons inclus, dans les pages suivantes, les grilles de travail vous permettant de dresser ce budget de caisse.

Les amortissements

Les actifs à long terme finissent tout de même par vieillir. Une voiture durera par exemple 5 ans et un entrepôt, 20 ans. C'est pourquoi, tous les ans, vous déduirez comme dépense un montant représentant l'usure de ces actifs. Ce sera, pour suivre nos exemples, 20 % du coût d'acquisition de l'automobile et 5 % du coût d'acquisition de l'entrepôt. Cette dépense imputable au vieillissement de l'actif, c'est l'amortissement.

Un plan d'affaires pour le travailleur autonome

1.	Mois 13	Mois 14	Mois 15	Mois 16	Mois 17
2. Encaisse au début	*Auto*	*Auto*	*Auto*	*Auto*	*Auto*
3. Encaissements					
4. Ventes	$	$	$	$	$
Comptant	*Auto*	*Auto*	*Auto*	*Auto*	*Auto*
0-30 jours	*Auto*	*Auto*	*Auto*	*Auto*	*Auto*
31-60 jours	*Auto*	*Auto*	*Auto*	*Auto*	*Auto*
61-90 jours	*Auto*	*Auto*	*Auto*	*Auto*	*Auto*
90 jours et plus	*Auto*	*Auto*	*Auto*	*Auto*	*Auto*
10. Revenus divers	$	$	$	$	$
11. Emprunts à court terme	$	$	$	$	$
12. Emprunts à long terme	$	$	$	$	$
13. Billet à payer	$	$	$	$	$
14. Marge de crédit	$	$	$	$	$
15. Mise de fonds	$	$	$	$	$
16. Émission d'actions	$	$	$	$	$
17. Subventions	$	$	$	$	$
18. Autres encaissements	$	$	$	$	$
19. Total des encaissements	*Auto*	*Auto*	*Auto*	*Auto*	*Auto*

Un plan d'affaires pour le travailleur autonome

Mois 18	Mois 19	Mois 20	Mois 21	Mois 22	Mois 23	Mois 24
Auto	*Auto*	*Auto*	*Auto*	*Auto*	*Auto*	*Auto*
$	$	$	$	$	$	$
Auto	*Auto*	*Auto*	*Auto*	*Auto*	*Auto*	*Auto*
Auto	*Auto*	*Auto*	*Auto*	*Auto*	*Auto*	*Auto*
Auto	*Auto*	*Auto*	*Auto*	*Auto*	*Auto*	*Auto*
Auto	*Auto*	*Auto*	*Auto*	*Auto*	*Auto*	*Auto*
Auto	*Auto*	*Auto*	*Auto*	*Auto*	*Auto*	*Auto*
$	$	$	$	$	$	$
$	$	$	$	$	$	$
$	$	$	$	$	$	$
$	$	$	$	$	$	$
$	$	$	$	$	$	$
$	$	$	$	$	$	$
$	$	$	$	$	$	$
$	$	$	$	$	$	$
$	$	$	$	$	$	$
Auto	*Auto*	*Auto*	*Auto*	*Auto*	*Auto*	*Auto*

Un plan d'affaires pour le travailleur autonome

20. Décaissements	Mois 13	Mois 14	Mois 15	Mois 16	Mois 17
21. Terrain	$	$	$	$	$
22. Bâtiments	$	$	$	$	$
23. Équipement de bureau	$	$	$	$	$
24. Équipement et outils	$	$	$	$	$
25. Matériel roulant	$	$	$	$	$
26. Améliorations locatives	$	$	$	$	$
27. Inventaire de départ	$	$	$	$	$
28. Achats	$	$	$	$	$
Comptant	Auto	Auto	Auto	Auto	Auto
0-30 jours	Auto	Auto	Auto	Auto	Auto
31-60 jours	Auto	Auto	Auto	Auto	Auto
61-90 jours	Auto	Auto	Auto	Auto	Auto
90 jours et plus	Auto	Auto	Auto	Auto	Auto
34. Crédit-bail	$	$	$	$	$
35. Salaires	$	$	$	$	$
36. Avantages sociaux	$	$	$	$	$
37. Loyer	$	$	$	$	$
38. Électricité et chauffage	$	$	$	$	$
39. Taxes et permis	$	$	$	$	$
40. Assurances	$	$	$	$	$
41. Téléphone	$	$	$	$	$
42. Entretien et réparation	$	$	$	$	$
43. Dépenses de véhicule	$	$	$	$	$

Un plan d'affaires pour le travailleur autonome

Mois 18	Mois 19	Mois 20	Mois 21	Mois 22	Mois 23	Mois 24
$	$	$	$	$	$	$
$	$	$	$	$	$	$
$	$	$	$	$	$	$
$	$	$	$	$	$	$
$	$	$	$	$	$	$
$	$	$	$	$	$	$
$	$	$	$	$	$	$
$	$	$	$	$	$	$
Auto	*Auto*	*Auto*	*Auto*	*Auto*	*Auto*	*Auto*
Auto	*Auto*	*Auto*	*Auto*	*Auto*	*Auto*	*Auto*
Auto	*Auto*	*Auto*	*Auto*	*Auto*	*Auto*	*Auto*
Auto	*Auto*	*Auto*	*Auto*	*Auto*	*Auto*	*Auto*
Auto	*Auto*	*Auto*	*Auto*	*Auto*	*Auto*	*Auto*
$	$	$	$	$	$	$
$	$	$	$	$	$	$
$	$	$	$	$	$	$
$	$	$	$	$	$	$
$	$	$	$	$	$	$
$	$	$	$	$	$	$
$	$	$	$	$	$	$
$	$	$	$	$	$	$
$	$	$	$	$	$	$

	Mois 13	Mois 14	Mois 15	Mois 16	Mois 17
44. Frais de représentation	$	$	$	$	$
45. Publicité et promotion	$	$	$	$	$
46. Fournitures de bureau	$	$	$	$	$
47. Honoraires	$	$	$	$	$
48. Abonnements/cotis.	$	$	$	$	$
49. Fournitures d'atelier	$	$	$	$	$
50. Frais de formation	$	$	$	$	$
51. Frais juridiques	$	$	$	$	$
52. Prélèvements	$	$	$	$	$
53. Impôts à payer	$	$	$	$	$
54. Divers	$	$	$	$	$
55. Frais bancaires	$	$	$	$	$
56. Intérêts sur prêts à C.T.	Auto	Auto	Auto	Auto	Auto
57. Capital sur prêts à C.T.	Auto	Auto	Auto	Auto	Auto
58. Intérêts sur prêts à C.T.	Auto	Auto	Auto	Auto	Auto
59. Capital sur prêts à C.T.	Auto	Auto	Auto	Auto	Auto
60. Intérêt/marge de crédit	Auto	Auto	Auto	Auto	Auto
61. Capital/marge de crédit	$	$	$	$	$
62. Retraits personnels	$	$	$	$	$
63. Total des décaissements	Auto	Auto	Auto	Auto	Auto
64. Encaisse à la fin	Auto	Auto	Auto	Auto	Auto

Un plan d'affaires pour le travailleur autonome

Mois 18	Mois 19	Mois 20	Mois 21	Mois 22	Mois 23	Mois 24
$	$	$	$	$	$	$
$	$	$	$	$	$	$
$	$	$	$	$	$	$
$	$	$	$	$	$	$
$	$	$	$	$	$	$
$	$	$	$	$	$	$
$	$	$	$	$	$	$
$	$	$	$	$	$	$
$	$	$	$	$	$	$
$	$	$	$	$	$	$
$	$	$	$	$	$	$
$	$	$	$	$	$	$
Auto	*Auto*	*Auto*	*Auto*	*Auto*	*Auto*	*Auto*
Auto	*Auto*	*Auto*	*Auto*	*Auto*	*Auto*	*Auto*
Auto	*Auto*	*Auto*	*Auto*	*Auto*	*Auto*	*Auto*
Auto	*Auto*	*Auto*	*Auto*	*Auto*	*Auto*	*Auto*
Auto	*Auto*	*Auto*	*Auto*	*Auto*	*Auto*	*Auto*
$	$	$	$	$	$	$
$	$	$	$	$	$	$
Auto	*Auto*	*Auto*	*Auto*	*Auto*	*Auto*	*Auto*
Auto	*Auto*	*Auto*	*Auto*	*Auto*	*Auto*	*Auto*

À partir du menu principal, cliquez sur [Planification financière] puis sur [Amortissement]. Après avoir tapé votre mot de passe, vous vous retrouverez face à un écran ressemblant au tableau de la page suivante. Cet écran sert à :

- choisir les taux d'amortissement qui seront appliqués à chacune des catégories d'actif;

- calculer les dépenses d'amortissement qui seront appliquées dans l'état des résultats prévisionnels;

- établir la valeur des immobilisations nettes qui sera appliquée au bilan prévisionnel;

- inscrire les investissements en immobilisations que vous entendez faire la troisième année, étant donné que le budget de caisse est limité à deux ans.

Si vous ne prévoyez pas acquérir d'immobilisations la troisième année, inscrivez 0 (sans indiquer de point décimal ou de signe de dollar) dans la seconde colonne, dans l'espace prévu pour les achats de l'an 3. Si les taux d'amortissement suggérés vous conviennent, vous n'avez qu'à cliquer sur le bouton [Mise à jour]. Si vous souhaitez modifier les taux d'amortissement, faites-le en utilisant la décimale. Par exemple, pour indiquer 50 %, vous taperez .50, pour indiquer 15 %, vous saisirez .15 et pour indiquer 5 %, vous taperez .05.

L'état des résultats

Vous voici rendu à l'état financier qui indiquera si votre entreprise sera ou non rentable pendant les deux premières années. À partir du menu principal, cliquez sur [Planification financière] puis sur [État des résultats]. Après avoir entré votre mot de passe, vous vous retrouverez devant un écran présentant le tableau de la page 150.

Une belle surprise vous attend ici. Le travail que vous avez fait antérieurement a servi à remplir ce tableau. Tout ce que vous avez à entrer maintenant, c'est la valeurs des stocks à la fin de chaque année. Si vous vendez un

Un plan d'affaires pour le travailleur autonome

	Immobilisations	Taux d'amortissement	Dépenses d'amortissement	Immobilisa-tions nettes
An 1				
Équipement et outillage	*Auto*	%	*Auto*	*Auto*
Bâtiment	*Auto*	%	*Auto*	*Auto*
Équipement de bureau	*Auto*	%	*Auto*	*Auto*
Matériel roulant	*Auto*	%	*Auto*	*Auto*
Améliorations locatives	*Auto*	%	*Auto*	*Auto*
Total	*Auto*		*Auto*	*Auto*
An 2				
Équipement et outillage	*Auto*	%	*Auto*	*Auto*
Bâtiment	*Auto*	%	*Auto*	*Auto*
Équipement de bureau	*Auto*	%	*Auto*	*Auto*
Matériel roulant	*Auto*	%	*Auto*	*Auto*
Améliorations locatives	*Auto*	%	*Auto*	*Auto*
Total	*Auto*		*Auto*	*Auto*
An 3				
Équipement et outillage	$	%	*Auto*	*Auto*
Bâtiment	$	%	*Auto*	*Auto*
Équipement de bureau	$	%	*Auto*	*Auto*
Matériel roulant	$	%	*Auto*	*Auto*
Améliorations locatives	$	%	*Auto*	*Auto*
Total			*Auto*	*Auto*

	An 1	An 2
Ventes	*Auto*	*Auto*
Coût des marchandises vendues		
Stocks au début	*Auto*	*Auto*
Achats	*Auto*	*Auto*
Stocks à la fin	$	$
Autres revenus	*Auto*	*Auto*
Bénéfice brut	*Auto*	*Auto*
Frais d'exploitation		
Salaires	*Auto*	*Auto*
Avantages sociaux	*Auto*	*Auto*
Loyer	*Auto*	*Auto*
Électricité, chauffage	*Auto*	*Auto*
Taxes, permis	*Auto*	*Auto*
Assurances	*Auto*	*Auto*
Téléphone	*Auto*	*Auto*
Entretien et réparations	*Auto*	*Auto*
Dépenses de véhicules	*Auto*	*Auto*
Frais de représentation	*Auto*	*Auto*
Publicité et promotion	*Auto*	*Auto*
Fournitures de bureau	*Auto*	*Auto*
Honoraires de conseiller	*Auto*	*Auto*
Crédit-bail	*Auto*	*Auto*
Autres dépenses	*Auto*	*Auto*
Frais financiers		
Frais bancaires	*Auto*	*Auto*
Intérêts sur marge de crédit	*Auto*	*Auto*
Intérêts sur emprunts à court terme	*Auto*	*Auto*
Intérêts sur emprunts à long terme	*Auto*	*Auto*
Amortissement		
Bâtisse	*Auto*	*Auto*
Équipement de bureau	*Auto*	*Auto*
Équipement et outillage	*Auto*	*Auto*
Matériel roulant	*Auto*	*Auto*
Améliorations locatives	*Auto*	*Auto*
Dépenses totales	*Auto*	*Auto*
Bénéfice net avant impôt	*Auto*	*Auto*
Impôts	*Auto*	*Auto*
Bénéfice net après impôt	*Auto*	*Auto*

service et que vous n'avez pas d'inventaire à gérer, vous n'avez rien à faire dans cet écran.

Les frais d'exploitation ont été puisés dans vos budgets de caisse, les frais financiers tiennent compte de vos hypothèses financières et les dépenses d'amortissement ont été établies à partir des taux inscrits au tableau des amortissements. C'est donc dire que si vous vous rendez compte, à la lecture de votre état des résultats, qu'une erreur s'est glissée et que vous avez par exemple inscrit un loyer trop élevé, vous devrez apporter la modification dans les écrans précédents (dans le budget de caisse, en l'occurrence).

Quand vous aurez terminé votre mise à jour, cliquez sur [Envoyer] ou, si vous ne souhaitez pas effectuer de mise à jour, cliquez simplement sur [*Cliquez ici pour retourner au menu précédent sans apporter de modification*].

Le bilan prévisionnel

Le bilan est un état financier qui présente pour une date donnée ce que possède une entreprise, ce qu'elle doit et, par soustraction, sa valeur nette.

Pour accéder à votre bilan prévisionnel à partir du menu principal, cliquez sur [Planification financière] puis sur [Bilan]. Vous devrez taper votre mot de passe avant de voir apparaître un tableau semblable à celui de la page suivante.

Surprise double! Vous n'avez rien à entrer dans ce tableau et, en plus, votre bilan balance (le total de l'actif est égal au total du passif et de l'avoir du propriétaire). Votre seul travail consiste donc à vous assurer, en révisant le tableau, que vous n'avez pas commis d'erreurs dans les autres écrans.

Quand ce sera fait, cliquez sur [*Cliquez ici pour retourner au menu précédent sans apporter de modification*] et passez à l'écran suivant.

	An 1	An 2
Actif		
Actif à court terme		
Encaisse	*Auto*	*Auto*
Comptes clients	*Auto*	*Auto*
Comptes payés d'avance	*Auto*	*Auto*
Stocks	*Auto*	*Auto*
Autres éléments d'actif	*Auto*	*Auto*
Immobilisations		
Terrain	*Auto*	*Auto*
Bâtiment	*Auto*	*Auto*
Équipement et outillage	*Auto*	*Auto*
Matériel roulant	*Auto*	*Auto*
Améliorations locatives	*Auto*	*Auto*
Équipement de bureau	*Auto*	*Auto*
Total de l'actif	*Auto*	*Auto*
Passif		
Passif à court terme		
Comptes fournisseurs	*Auto*	*Auto*
Marge de crédit	*Auto*	*Auto*
Emprunts à court terme	*Auto*	*Auto*
Billet à payer	*Auto*	*Auto*
Passif à long terme		
Prêt à long terme	*Auto*	*Auto*
Autres	*Auto*	*Auto*
Avoir du propriétaire		
Avoir au début	*Auto*	*Auto*
Bénéfice de la période	*Auto*	*Auto*
Mise de fonds supplémentaires	*Auto*	*Auto*
Retraits	*Auto*	*Auto*
Total de l'avoir du propriétaire	*Auto*	*Auto*
Total du passif et de l'avoir du propriétaire	*Auto*	*Auto*

Les ratios

Un ratio est un rapport entre deux chiffres. Les ratios servent à évaluer les tendances à l'intérieur d'une entreprise et à la comparer aux autres entreprises de son industrie.

À partir du menu principal, cliquez sur [Planification financière], puis sur [Ratios financiers]. Après avoir entré votre mot de passe, vous vous retrouverez devant un tableau présentant 10 ratios calculés automatiquement à partir des autres écrans de votre planification financière.

Votre travail consiste à trouver, si possible, les ratios moyens dans votre industrie. Le lecteur de votre plan d'affaires pourra ainsi, par comparaison, s'assurer du sérieux de votre planification financière. Voici deux exemples qui expliquent comment il abordera ce tableau.

- Si votre état des résultats montre un bon profit, mais que vos ratios de marge bénéficiaire affichent le double de ce qui se trouve dans votre industrie, votre lecteur pensera automatiquement que vous avez gonflé votre marge bénéficiaire.

- Si vous prévoyez des ventes annuelles de 90 000 $ avec des stocks de 5 000 $ et que, dans votre industrie, il faut en moyenne 30 000 $ pour atteindre ces ventes, votre lecteur cherchera, dans votre plan d'affaires, une explication à cette excellente performance. S'il ne la trouve pas, il doutera de la justesse de vos états financiers prévisionnels.

Vous devez trouver le plus de ratios possible et être prêt à indiquer leurs sources. De plus, si vos ratios divergent de ceux de votre industrie, vous devez expliquer les écarts. C'est à cette condition que votre plan d'affaires restera crédible.

Un dernier point s'impose ici : il est possible que l'écran ne vous présente pas encore tous vos ratios et que le tableau soit couvert de #DIV/0!. Si cela se produit, c'est que vous n'avez pas rempli les autres écrans avant d'afficher les ratios et le logiciel vous indique que, pour calculer le résultat, il lui aurait fallu faire une division par zéro. Vous aurez par exemple un #DIV/0! au taux de rotation des stocks si ceux-ci sont à 0,00 $. C'est tout à fait normal.

Quand vous aurez terminé de remplir cet écran, cliquez sur le bouton [Envoyer]. Vous vous retrouverez à l'écran de la planification financière.

Nom du ratio	Votre entreprise	Votre industrie
Fonds de roulement	*Auto*	
Ratio de liquidités immédiates	*Auto*	
Taux de rentabilité	*Auto*	%
Recouvrement des comptes clients	*Auto*	
Retour sur investissement (RSI)	*Auto*	%
Taux de rotation des stocks	*Auto*	
Ratio de la structure financière	*Auto*	
Ratio des dépenses d'exploitation	*Auto*	%
Marge bénéficiaire brute	*Auto*	%
Marge bénéficiaire nette	*Auto*	%

Le seuil de rentabilité

Vous voici déjà au dernier écran de votre planification financière. Pour l'atteindre, à partir du menu principal, cliquez sur [Planification financière] puis sur [Seuil de rentabilité]. Vous devrez entrer votre mot de passe avant qu'apparaisse un tableau semblable à celui de la page suivante.

Ce tableau vous permet de calculer le seuil minimal de ventes que vous devez atteindre pour ne pas travailler à perte. Il vous présente automatiquement dans les colonnes 2 et 5, lors d'un premier affichage, les frais d'exploitation prévus pour la première et la deuxième année.

Indiquez ici quelle proportion de chaque poste relatif aux dépense est constituée de frais fixes. En d'autres mots, déterminez quelle proportion de ces dépenses devrait quand même être payée si vous ne faisiez aucune vente.

Un plan d'affaires pour le travailleur autonome

	An 1			An 2		
Ventes prévues	*Auto*			*Auto*		
Frais d'exploitation	**Total**	**Fixe**	**Variable**	**Total**	**Fixe**	**Variable**
Coût des marchandises vendues	*Auto*	$	*Auto*	*Auto*	$	*Auto*
Salaires	*Auto*	$	*Auto*	*Auto*	$	*Auto*
Avantages sociaux	*Auto*	$	*Auto*	*Auto*	$	*Auto*
Loyer	*Auto*	$	*Auto*	*Auto*	$	*Auto*
Électricité, permis	*Auto*	$	*Auto*	*Auto*	$	*Auto*
Assurances	*Auto*	$	*Auto*	*Auto*	$	*Auto*
Téléphone	*Auto*	$	*Auto*	*Auto*	$	*Auto*
Entretien et réparation	*Auto*	$	*Auto*	*Auto*	$	*Auto*
Dépenses de véhicule	*Auto*	$	*Auto*	*Auto*	$	*Auto*
Frais de représentation	*Auto*	$	*Auto*	*Auto*	$	*Auto*
Publicité et promotion	*Auto*	$	*Auto*	*Auto*	$	*Auto*
Fournitures de bureau	*Auto*	$	*Auto*	*Auto*	$	*Auto*
Honoraires	*Auto*	$	*Auto*	*Auto*	$	*Auto*
Divers	*Auto*	$	*Auto*	*Auto*	$	*Auto*
Intérêts/emprunts à C.T.	*Auto*	$	*Auto*	*Auto*	$	*Auto*
Intérêts/emprunts à L.T.	*Auto*	$	*Auto*	*Auto*	$	*Auto*
Intérêts/marge et frais bancaires	*Auto*	$	*Auto*	*Auto*	$	*Auto*
Amortissements	*Auto*	$	*Auto*	*Auto*	$	*Auto*
Total	*Auto*	*Auto*	*Auto*	*Auto*	*Auto*	*Auto*
Seuil de rentabilité	***Auto***			***Auto***		

Par exemple, si vous avez prévu des dépenses de fournitures de bureau de 450 $ la première année, quelle portion de ce montant devra tout de même être payée si vous ne faites aucune vente? Si c'est 125 $, indiquez ce montant dans la colonne 3, sur la ligne réservée au poste des fournitures de bureau. Pour inscrire le montant, utilisez le point décimal et ne mettez pas de signe de dollar ($). Ainsi, pour inscrire 125 $, vous mettrez la cellule en surbrillance et vous taperez 125.00.

Certaines dépenses sont fixes et d'autres pas. Les taxes municipales ne sont pas influencées par le volume de vos ventes mais vos dépenses de téléphone le sont. Remplissez le tableau en indiquant, dans les colonnes 3 et 7, les montants qui devraient être payés, que vous vendiez ou non.

Cliquez ensuite sur le bouton [Mise à jour], puis sur [Seuil de rentabilité]. Vous devrez de nouveau taper votre mot de passe pour voir apparaître le tableau mis à jour. En consultant la dernière ligne, vous saurez quel est votre seuil de rentabilité pour les deux années.

Champagne pour tout le monde!

La rédaction de votre plan d'affaires est maintenant terminée. Au prochain chapitre, nous vous aiderons à l'imprimer et à vous préparer à le présenter.

Entre-temps, prenez une bonne pause. Elle est méritée. Vous avez fait un travail colossal et nous sommes persuadés que vous brûlez d'impatience à l'idée de voir toutes ces données rassemblées en un document complet.

Chapitre 11

Faites connaître votre bon travail

Votre plan d'affaires étant complété, il vous faudra maintenant l'utiliser et le faire connaître. Pour ce faire, plusieurs possibilités s'offrent à vous. Ce chapitre vous les présentera en vous faisant découvrir les options du logiciel en ligne que vous n'avez pas encore utilisées.

Nous nous attarderons principalement sur trois dimensions encore inexplorées du logiciel, soit l'impression (avec ou sans traitement de texte), la possibilité de rendre un plan d'affaires accessible sans impression et l'accès aux ressources.

Nous profiterons également de ce chapitre pour expliquer :

- aux professeurs comment ils peuvent s'inscrire comme personne-ressources;

- aux institutions financières comment elles peuvent avoir accès aux plans d'affaires en ligne;

- aux intervenants économiques comment ils peuvent inscrire les organismes qu'ils représentent afin de faire connaître leurs services aux usagers du site.

L'impression d'une page de titre

Accéder au menu d'impression est très simple : à partir du menu principal, cliquez sur [Impression] dans le menu au bas de l'écran. Vous verrez apparaître un écran qui vous offrira trois choix.

Que souhaitez-vous imprimer?

Une page de titre pour votre plan d'affaires?
Votre plan d'affaires en format HTML.
Votre plan d'affaires en format RTF.

Menu - Courriel - Questions ou commentaires

À partir du menu d'impression, cliquez sur les mots [page de titre]. Sans plus d'effort, une page de titre sera créée pour vous et elle apparaîtra dans la fenêtre de votre navigateur Internet. Elle contient le nom de votre entreprise, votre nom, le numéro de téléphone où on peut vous joindre (si vous souhaitez le modifier, vous pouvez le faire en retournant au menu [Présentation du projet]) et la date de l'impression.

Il vous suffit maintenant de l'imprimer en utilisant les commandes de votre logiciel de navigation. S'il advenait que votre logiciel imprime également en en-tête et en bas de page des données telles que l'adresse Internet de la page, supprimez-les. Avec Internet Explorer 4.0, il suffit de cliquer sur [Fichier], puis sur [Mise en page], et de retirer les mentions qui se trouvent dans les cases [En-tête] et [Bas de page].

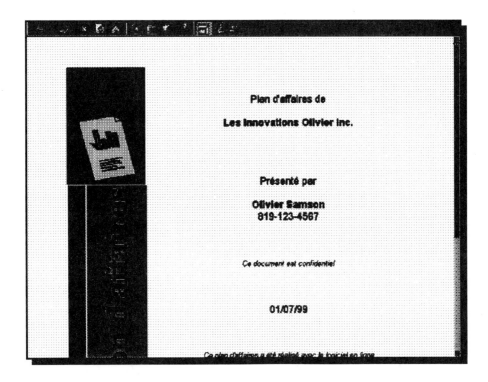

L'impression du plan d'affaires sans traitement de texte

La constitution de votre plan d'affaires, à partir de toutes les données que vous avez communiquées jusqu'à maintenant, est une opération très complexe qui peut prendre quelques minutes si le serveur est très occupé au moment où vous passerez votre requête.

Pour voir apparaître dans la fenêtre de votre logiciel de navigation votre plan d'affaires complet, cliquez simplement sur [Plan d'affaires en format HTML] dans le menu d'impression. Vous verrez alors s'inscrire, section par section, votre plan d'affaires à l'écran.

Pour l'imprimer, suivez la même procédure que pour l'impression de votre page de titre. Voilà! Vous avez en main votre plan d'affaires.

L'impression du plan d'affaires avec un traitement de texte

Il faut bien l'avouer, l'impression à partir d'un logiciel de navigation présente quelques inconvénients.

- *Le plan d'affaires n'est pas paginé.* Il n'existe pas de pages en tant que telles dans un logiciel de navigation. Cette technologie présente plutôt les documents comme un long parchemin que l'on déroule à l'aide de la souris ou des flèches de navigation. Par conséquent, si le logiciel créait une table des matières paginée, toutes les sections seraient à la page 1.

- *Il est impossible d'utiliser un correcteur orthographique.* Les logiciels de navigation ne le permettent pas encore.

- *On ne peut pas ajouter des images ou un logo.* La page Internet que vous recevez en demandant votre plan d'affaires ne peut pas être modifiée. En conséquence, il est impossible d'y ajouter votre logo, d'offrir un graphique présentant les tendances du secteur d'activité ou d'insérer votre photographie dans la section consacrée à la présentation du promoteur.

- *On ne peut pas ajouter du texte.* Il en va de même avec le texte. Tant que le plan d'affaires est affiché dans le logiciel de navigation, vous ne pouvez pas ajouter de renseignements supplémentaires, mentionner une source particulière ou expliquer une disparité entre vos ratios et ceux de votre industrie.

- *Il est impossible de biffer une section.* Il n'est pas possible, avec le logiciel de navigation, de supprimer une section qui n'a pas de liens réels avec le projet d'entreprise.

- Dans certains cas, parce que les polices de caractères ne sont pas disponibles dans l'ordinateur de l'usager, les chiffriers ne sont pas alignés.

Ces limitations ne veulent pas dire que votre plan d'affaires imprimé à partir de votre logiciel de navigation dans Internet n'est pas complet et n'a pas une apparence professionnelle. C'est simplement que, si vous utilisez un logiciel de traitement de texte, vous serez en mesure de l'individualiser, de le rendre plus conforme à votre image.

Pour pouvoir traiter votre plan d'affaires avec un traitement de texte, cliquez, à partir du menu d'impression, sur [Plan d'affaires en format RTF]. Vous vous retrouverez face à un écran où vous devrez confirmer votre choix en indiquant votre mot de passe. Faites-le et cliquez sur le bouton [Envoyer].

Un logiciel spécial logé dans le serveur créera alors un fichier RTF (*Rich Text Format*) de votre plan d'affaires. C'est un format que lisent la plupart des logiciels de traitement de texte. Quelques minutes plus tard, le serveur vous expédiera ce fichier qui sera téléchargé ou qui s'affichera dans votre logiciel de navigation selon la configuration de votre ordinateur.

Une fois que vous aurez reçu le fichier et que vous l'aurez ouvert si nécessaire, vous pourrez le modifier à votre goût. Voici quelques conseils appropriés.

- Si votre logiciel a de la difficulté avec le format RTF, faites une révision rapide et déterminez tout de suite s'il ne vaut pas mieux vous en tenir au plan d'affaires en format HTML.

- Si votre logiciel le permet, lancez une correction orthographique et même une correction grammaticale. De cette façon, vous poursuivrez votre travail avec un texte corrigé.

- Révisez ensuite. Faites-le en insérant des sauts de page là où vous le jugez nécessaire. Par exemple, insérez un saut de page tout de suite après la table des matières.

- Si vous n'aimez pas la police de caractères utilisée dans le texte, vous pouvez la modifier en sélectionnant l'ensemble du texte, puis en choisissant une nouvelle police. Ne modifiez pas de cette façon la taille des caractères. Certains chiffriers ont besoin d'une police plus petite et ils seront illisibles si vous les modifiez arbitrairement.

- Consultez les tableaux et assurez-vous que les données qu'ils compilent soient bien alignées. Si elles ne le sont pas, rapetissez la police de caractères utilisée ou, si rien n'y fait, enlevez les signes de dollar ($) pour gagner de l'espace.

- Si vous souhaitez ajouter votre photo dans la section réservée à la présentation du promoteur, la photo de votre produit-vedette ou votre logo dans la table des matières, faites-le avant de vérifier la mise en page. Vous éviterez ainsi de devoir reprendre votre travail.

- Utilisez la technologie à votre disposition! Si votre logiciel de traitement de texte fait partie d'une suite intégrée et que vous pouvez créer des graphiques, faites-le. Mais n'abusez pas; trop de graphiques finissent par lasser le lecteur.

- Vous pouvez en profiter pour ajouter un en-tête qui paraîtra sur chaque page (utilisez le nom de votre entreprise) et un bas de page incluant la pagination et le caractère confidentiel de votre document.

- N'oubliez pas de tenir compte du temps que votre lecteur aura à sa disposition. Il n'appréciera peut-être pas un plan d'affaires de 200 pages... Assurez-vous de ne pas vous perdre en mots inutiles et supprimez les répétitions.

- Quand vous aurez terminé votre révision, revenez à la table des matières et indiquez les pages à la fin de chaque ligne. Cela devrait être votre dernière tâche avant la sauvegarde et l'impression.

Poser une question ou formuler un commentaire

Si vous souhaitez poser une question ou formuler un commentaire en vue que soit amélioré le logiciel, faites-le en cliquant sur [Questions ou commentaires] dans le bas du menu principal. Vous vous retrouverez alors face à l'écran présenté à la page suivante. Vous n'avez qu'à taper votre nom, votre adresse électronique et votre question ou commentaire, puis à appuyer sur le bouton [Expédier].

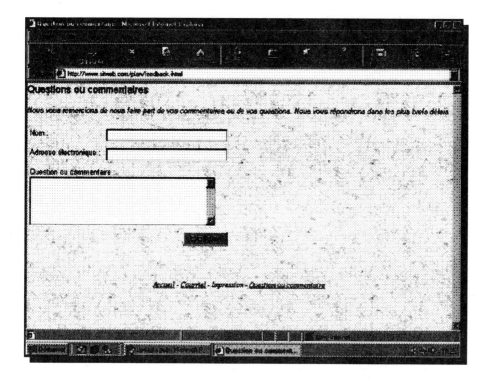

Nous nous efforçons de réagir à tous les commentaires ou à toutes les questions dans les plus brefs délais et nous reproduisons les questions les plus fréquentes dans l'écran des questions les plus fréquemment posées.

L'avis au professeur

Si vous faites partie d'une classe et que votre professeur s'attend à pouvoir consulter ou annoter votre plan d'affaires en ligne, vous devez lui en donner la permission. Pour ce faire, cliquez sur [Permissions], puis sur [Permettre à votre professeur ou conseiller d'accéder à votre plan d'affaires]. Vous devrez alors taper votre mot de passe avant de vous retrouver face à un écran semblable à celui présenté à la page suivante.

Cliquez sur le menu déroulant pour sélectionner votre professeur, puis sur le bouton [Envoyer]. Quand vous l'aurez fait, votre professeur aura accès à votre plan d'affaires.

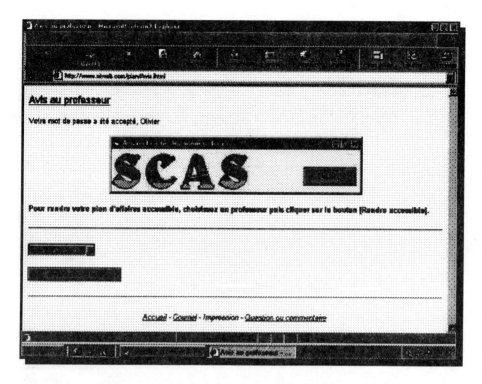

Remarquez que vous ne pouvez pas rendre votre plan d'affaires accessible à plus d'un professeur à la fois. C'est une limite du logiciel.

« Je suis un professeur »

Si vous êtes professeur, vous devez commencer par vous inscrire avant d'accéder aux plans d'affaires de vos élèves. Pour vous inscrire, à partir de www. plandaffaires.com, cliquez sur [Permissions]. Vous verrez apparaître l'écran de l'attribution des permissions.

Attribution des permissions

Que souhaitez-vous faire? D'ici, vous pouvez :

- Vous inscrire comme professeur ou conseiller
- Permettre à votre professeur ou conseiller d'accéder à votre plan d'affaires
- Consulter les plans d'affaires auxquels certains usagers vous ont permis d'accéder en tant que professeur ou conseiller

---

Pour vous inscrire, cliquez sur [Vous inscrire comme professeur ou conseiller]. Vous serez alors invité à indiquer votre nom, le nom du cours, votre adresse électronique, un mot de passe que vous choisirez, puis le nom de votre établissement d'enseignement. Quand vous aurez inscrit tous ces renseignements, cliquez sur le bouton [Envoyer] et, si votre mot de passe n'est pas déjà utilisé, votre nom sera ajouté au répertoire.

Une fois inscrit, vous n'avez qu'à cliquer sur [Consulter les plans d'affaires auxquels certains usagers vous ont permis d'accéder en tant que professeur ou conseiller] pour voir apparaître la liste des élèves qui vous ont donné la permission de consulter leurs plans d'affaires. Cliquez sur le plan d'affaires que vous voulez consulter pour le faire apparaître.

L'accès aux ressources

Les ressources vous donnent accès aux bonnes adresses, aux questions fréquemment posées, au groupe de discussion et à des liens Internet pertinents. Elles sont accessibles à partir du menu de gauche et ne nécessitent pas l'utilisation d'un mot de passe.

Veuillez cependant retenir que les ressources sont appelées à être modifiées au fil des demandes ou des suggestions des usagers. Nous vous présentons tout de même ce qui est prévu pour l'instant.

- *Les bonnes adresses.* Ce sont les adresses d'organismes susceptibles de vous aider dans vos démarches. Vous y retrouverez les coordonnées des principaux intervenants en entrepreneurship. Cet écran comporte un menu déroulant présentant les noms des organismes. Sélectionnez l'organisme de votre choix et cliquez sur le bouton [Afficher]. Un autre écran vous présentera alors les coordonnées et la raison d'être de l'organisme. La section suivante décrit comment vous pouvez inscrire votre organisme dans notre banque de données. Vous atteignez les bonnes adresses en cliquant sur [Partenaires], puis sur [Consulter une liste de partenaires potentiels].

- *Les questions fréquemment posées.* Pour atteindre cette section, cliquez sur [Aide], puis sur [Lire les questions fréquemment posées]. Vous pourrez trouver ici les réponses aux questions les plus fréquentes à propos de Plandaffaires.com. C'est une bonne habitude de consulter cette page avant de faire parvenir une question; votre réponse s'y trouve peut-être déjà.

- *Les liens Internet pertinents.* Le réseau Internet constitue une véritable mine de renseignements pour le travailleur autonome à la recherche d'information. Ces liens vous permettent d'accéder à d'autres sites Web présentant des renseignements dont vous avez peut-être besoin. Réservez tout de suite une soirée et visitez ces sites. Qui sait ce que vous y trouverez? Pour faire apparaître cet écran, cliquez sur [Liens].

- *Le groupe de discussion.* Cet écran vous permet de discuter avec vos pairs. Si vous avez une question ou que vous sentez poindre le découragement, venez visiter cette page et faites part de vos interrogations aux autres travailleurs autonomes qui travaillent actuellement, eux aussi, à leurs plans d'affaires. Profitez-en également pour répondre à ceux qui ont déjà formulé une question. Ce site de discussion a pour but de briser l'isolement dans lequel on se trouve pendant l'écriture d'un plan d'affaires. Pour l'atteindre, cliquez sur [Forum].

Vous êtes un intervenant?

Si vous faites partie d'un organisme susceptible d'aider le travailleur auto-nome à mieux bâtir son plan d'affaires, vous pouvez bénéficier de deux fa-çons de notre logiciel.

- Si vous encadrez des travailleurs autonomes à l'étape de la rédaction, vous pouvez vous inscrire comme « professeur » en suivant la démarche présentée dans ce chapitre, sous l'intertitre *Je suis un professeur*. Ceux que vous encadrez pourront alors vous donner accès à leurs plans d'affai-res. Cette fonctionnalité vous aidera à mieux gérer votre temps et à évi-ter des déplacements superflus.

- Vous pouvez également inscrire votre organisme dans notre banque de données afin qu'il soit affiché quand les usagers consultent les bonnes adresses. Pour ce faire, à partir du menu d'entrée, cliquez sur [Partenaires], puis sur [Gérer mon inscription en tant que partenaire]. Suivez alors les instructions. Vous serez appelé à remplir la fiche signalé-tique qui sera affichée quand les usagers cliqueront sur le nom de votre organisme.

Grâce à toutes ses fonctionnalités, Plandaffaires.com devrait vous aider à poursuivre la mission de votre organisme. N'oubliez pas de mettre votre ins-cription à jour chaque fois qu'un changement survient dans votre organisa-tion.

Le retrait d'un plan d'affaires

Pour retirer votre plan d'affaires du serveur, cliquez, à partir du menu prin-cipal, sur [Retrait d'un plan]. Vous devrez alors taper votre mot de passe et cliquer sur le bouton [Retirer mon plan d'affaires du serveur].

Quand vous l'aurez fait, votre plan d'affaires de même que votre enregistre-ment et votre mot de passe seront retirés du serveur et vous vous retrouverez à www.plandaffaires.com. Le retrait d'un plan d'affaires est irréversible. Si vous regrettez votre geste, vous devrez tout reprendre à zéro.

Le retrait automatique

Par ailleurs, si votre plan d'affaires est inactif pendant deux mois, le serveur vous fera automatiquement parvenir un courriel vous indiquant qu'il sera bientôt effacé. Pour éviter que cela n'arrive, effectuez une visite rapide au menu principal, visite qui fera en sorte que votre plan d'affaires sera à nouveau considéré comme actif.

Dans le même ordre d'idées, les propos déplacés tenus dans le groupe de discussion ou les inscriptions jugées trop commerciales dans les bonnes adresses seront également retirés.

La lettre de présentation

Vous devez maintenant, afin de personnaliser la remise de votre plan d'affaires aux personnes que vous sollicitez, rédiger une lettre de présentation qui comprendra les éléments suivants.

- Le nom, le titre et l'adresse de la personne à qui vous soumettez votre plan d'affaires. Évitez les « À qui de droit » ou les « Monsieur ou Madame ». Si vous ignorez par exemple le nom du directeur de crédit commercial de l'établissement financier que vous pressentez, appelez au préalable et demandez les renseignements qui vous manquent.

- Mentionnez pourquoi vous lui soumettez votre plan d'affaires. Souhaitez-vous un prêt, une participation financière ou de simples conseils? Les raisons pour lesquelles vous pouvez soumettre un plan d'affaires sont nombreuses.

- Si vous souhaitez obtenir du financement, mentionnez quel type de prêt vous voulez obtenir (marge de crédit, prêt à terme, crédit-bail, hypothèque, etc.) et présentez les conditions (taux d'intérêt et terme) que vous recherchez. Vous avez déjà formulé ces conditions dans l'écran des hypothèses financières. Il vous suffit de les reproduire.

- Traitez brièvement des délais dans lesquels vous aimeriez recevoir une réponse.

- Mentionnez que vous répondrez avec plaisir à toutes ses questions concernant les points les plus obscurs de votre plan d'affaires.

- Rappelez que votre plan d'affaires est un document confidentiel et que vous vous attendez à ce que les renseignements qu'il contient soient traités avec professionnalisme.

- Terminez en remerciant votre destinataire de son attention et en lui rappelant que c'est avec grand plaisir que vous ferez des affaires avec son établissement financier.

La lettre de présentation doit mettre votre lecteur dans un état d'esprit positif. Il vous faut éveiller son intérêt parce que c'est à cette condition qu'il étudiera votre projet jusqu'au bout.

La structure du plan d'affaires

Vous vous demandez probablement de quoi aura l'air votre plan compilé, une fois terminé. Vous vous dites peut-être que le fait d'avoir une idée de la présentation du plan d'affaires une fois terminée, vous aiderait à mieux répondre à chaque question.

Pour cette raison, nous avons pensé vous offrir, dans cette annexe, un plan d'affaires vide. Il ne contient ni information ni planification financière. Le voici donc.

Page de titre

Table des matières

1. Présentation du projet
1.1 Description de l'entreprise

1.1.1 Description sommaire
1.1.2 Date prévue du démarrage
1.1.3 Secteur d'activité
1.1.4 Présentation sommaire du projet
1.1.5 Avantages concurrentiels de l'entreprise
1.2 Mission de l'entreprise
1.3 Objectifs de l'entreprise
1.4 Échéanciers

2. La présentation du promoteur

2.1 Information de base
2.2 Formation
2.3 Expérience de travail
2.4 Réalisations antérieures
2.5 Bilan personnel
2.6 Obligations financières actuelles
2.7 Expérience de crédit

3. La mise en marché

3.1 Le produit ou le service
    3.1.1 Description du produit ou du service
    3.1.2 Les avantages et les inconvénients
    3.1.3 Politique de garantie
    3.1.4 Le service après-vente
    3.1.5 L'étendue des services à la clientèle
    3.1.6 Grille comparative
3.2 Le secteur d'activité
    3.2.1 Présentation du secteur d'activité
    3.2.2 Évolution du secteur d'activité
    3.2.3 Menaces et occasions dans ce secteur
    3.2.4 Ma connaissance de ce secteur d'activité
3.3 Le marché visé
    3.3.1 Envergure géographique du marché visé
    3.3.2 Portrait type de la clientèle visée
3.4 Analyse concurrentielle
3.5 Stratégie de marketing

8. Annexes

Conclusion

Si vous avez suivi la démarche proposée tout au long de ce livre, vous êtes maintenant à la fois fourbu et exalté. Fourbu parce que la rédaction d'un plan d'affaires exige beaucoup de travail, beaucoup plus en fait que ce à quoi vous vous attendiez en entreprenant ce travail. Et tout ne s'est pas fait sans effort.

Mais en même temps, vous ne pouvez vous empêcher de ressentir une certaine exaltation en feuilletant ce plan d'affaires que vous tenez entre vos mains. Ce plan d'affaires, c'est votre avenir immédiat, c'est une longue aventure dans laquelle vous vous apprêtez à vous lancer.

Tout au long de sa rédaction, vous êtes passé par toutes les émotions. Au départ, vous vous sentiez animé d'une passion dévorante pour un projet qui, avouons-le, n'était pas très solide et aurait difficilement survécu un examen minutieux.

Par la suite, pendant la rédaction, vous vous êtes à l'occasion senti découragé parce que la somme de travail que la conception de votre plan d'affaires exigeait était bien plus grande que vous ne l'aviez prévu. Vous avez même songé à abandonner le projet, à renoncer à l'aventure parce que des obstacles auxquels vous n'aviez encore jamais pensé se dressaient sur votre chemin. Mais vous avez persisté et un autre sentiment vous a peu à peu envahi. À mesure que votre projet se précisait et que vous trouviez les renseignements manquants, vous avez acquis la conviction que votre projet valait la peine d'être concrétisé.

Vous êtes maintenant enthousiaste, tout comme vous l'étiez au début! Alors que votre enthousiasme du départ était fragile et ne reposait que sur quelques prémisses sans fondement, celui auquel il a laissé sa place est plus solide, appuyé par des faits vérifiables et vérifiés.

Ce n'est plus aveuglément que vous vous lancez maintenant en affaires. Vous savez où vous allez, vous avez entre les mains un projet crédible. De plus, parce que votre projet a passé le test d'une planification financière poussée et que vous savez où vous vous dirigez, vous faites maintenant preuve d'un enthousiasme communicatif quand vous en parlez.

Vous êtes prêt pour le succès. Bon travail et bonne chance!

Bibliographie sélective

Dell'Aniello, Paul, *Un plan d'affaires gagnant*, 3e édition, Éditions Transcontinental, Montréal, 1994, 192 pages.

Duguay, Étienne et Alain Samson, *Se lancer en affaires dans Internet*, Fondation de l'entrepreneurship et Éditions Transcontinental, Charlesbourg et Montréal, 1998, 172 pages.

Gray, Douglas A. et Diana Lynn Gray, *Home inc.*, McGraw-Hill Ryerson, Ontario, 1989, 316 pages.

Paulson, Edward et Marcia Layton, *The Complete Idiot's Guide to Starting your own Business*, Alpha Books, 1995, 307 pages.

Samson, Alain et Paul Dell'Aniello, *911-CASH*, Éditions Transcontinental, 1995, 256 pages.

Samson, Alain et Paul Dell'Aniello, *Devenez entrepreneur 2.0*, version cédérom, Fondation de l'entrepreneurship et Éditions Transcontinental, Charlesbourg et Montréal, 1997.

Samson, Alain, *Survoltez votre entreprise!*, Éditions Transcontinental, Montréal, 1994, 216 pages.

Pour aller plus loin

À la Société-conseil Alain Samson inc., nous travaillons depuis 1993 à aider les entreprises à maximiser leurs résultats. Nous avons depuis ce temps rédigé une trentaine d'ouvrages, plusieurs logiciels, des ensembles d'audiocassettes ainsi que quelques cours et formations en ligne.

Notre souci est de vous aider à faire plus avec les ressources à votre disposition, quelle que soit l'ampleur actuelle de votre organisation.

Nous offrons des volumes destinés aux vendeurs ou aux propriétaires d'entreprise. Nous pouvons offrir des formations sur mesure afin de vous aider à fixer puis à atteindre vos objectifs et nous pouvons agir à titre de conférencier lors d'un colloque ou d'un congrès.

Si vous êtes intéressé par l'augmentation des ventes, la satisfaction de la clientèle, la cohésion de l'équipe ou le développement de nouveaux projets, nous avons un produit pour vous.

Pour en connaître davantage sur nos services, vous pouvez visiter notre site Internet à http://www.vendreplus.com. Profitez-en également pour vous abonner gratuitement à notre bulletin mensuel de conseils sur la vente.

Licence gratuite de Plandaffaires.com

Une licence gratuite de Plandaffaires.com est offerte par la Société-conseil Alain Samson inc. à tous les acquéreurs de ce livre. Vous trouverez à l'intérieur de ces pages les instructions relatives à l'activation de votre plan d'affaires. Les restrictions suivantes accompagnent cependant cette licence.

- Vous avez droit à une licence seulement. Vous ne pouvez pas, par exemple, créer trois plans d'affaires au même moment. Un professeur ne pourrait pas non plus faire l'acquisition d'un volume et encourager ses 30 élèves à bâtir 30 plans d'affaires en même temps dans le serveur.

- Vous ne pouvez donner une copie des clés d'accès à des personnes qui n'ont pas fait l'acquisition du volume.

- La Société-conseil Alain Samson inc. ne peut être tenue responsable si un problème technique nuisait à une séance de travail ou si un accident indépendant de sa volonté faisait perdre des données à l'utilisateur.

Ces restrictions ont pour seul but d'améliorer votre utilisation. Nous vous souhaitons bien du succès dans votre projet d'entreprise.